조선을 놀라게 한 요상한 동물들

조선을 놀라게 한
요상한 동물들

첫판 1쇄 펴낸날 2009년 4월 7일
14쇄 펴낸날 2022년 2월 15일

지은이 박희정　**그린이** 이우창　**기획** 이지수
발행인 김혜경　**편집인** 김수진
주니어 본부장 박창희
편집 길유진 진원지 강정윤
디자인 전윤정 정진희
경영지원국 안정숙
회계 임옥희 양여진 김주연

펴낸곳 (주)도서출판 푸른숲
출판등록 2003년 12월 17일 제2003-000032호
주소 경기도 파주시 심학산로 10, 우편번호 10881
전화 031) 955-9010　**팩스** 031) 955-9009
홈페이지 www.prunsoop.co.kr　**이메일** psoopjr@prunsoop.co.kr

Text copyright ⓒ 박희정, 2009
Illustration copyright ⓒ 이우창, 2009

ISBN 978-89-7184-634-6　74910

- 잘못된 책은 구입하신 서점에서 바꾸어 드립니다.
- 저자와의 협약에 의해 인지는 생략합니다.
- 본서의 반품 기한은 2027년 2월 28일까지입니다.
- KC 마크는 이 제품이 공통안전기준에 적합하였음을 의미합니다.
- 던지거나 떨어뜨려 다치지 않도록 주의하세요.

조선을 놀라게 한 요상한 동물들

조선왕조실록 속 좌충우돌 동물 이야기

푸른숲주니어

추천의 말

역사적 상상력을 깨우는
조선왕조실록 속 동물 이야기

'조선왕조실록'은 조선 시대 역대 왕들의 행적을 중심으로, 정치, 경제, 사회, 문화의 모습을 연대순으로 기록한 공식 역사책이에요. 우리의 자랑스러운 기록 유산이자, 세계 기록 유산으로 지정될 만큼 세계적으로도 가치가 높은 책이지요. 뿐만 아니라, 생활사에 관한 기록들이 풍부하게 담겨 있어 읽는 재미까지 더한답니다.

이 책은 '조선왕조실록' 속에서 동물들에 관한 기록을 찾아갑니다. 외국 동물들이 조선 땅에 들어와 겪었을 법한 다양한 이야기를 작가의 상상력을 더해 흥미롭게 그리고 있지요.
조선 태종 때 사람을 죽여 귀양을 가게 된 코끼리 이야기, 조선 땅에 정착시켜 보려 했으나 실패한 양 이야기, 성종이 원숭이를 아끼는 마음에 원숭이에게 옷을 입히려 했다가 신하들의 반대로 그만둔 이야기, 중국에서 물소를 들여와 그 뿔로 활을 만든 이야기, 숙종 때 궁궐에 들어왔다가 쫓겨난 낙타 이야기……. 이 이야기들을 듣다 보면 낯선 동물을 접했던 조선 시대 사람들의 놀란 표정과 어쩔 줄 몰라 하는 모습이 떠오르지요. 어쩌면 시시콜콜할 수도 있는 이야기를 국가의 공식 역사 기록에 담은 우리 선조들의 투철한 기록 정신도 읽을 수 있고요.

그 밖에도 조선 후기에 앵무새나 비둘기 같은 애완동물 기르기가 유행한 일, 말 잘하는 재주로 먹고산 거리의 이야기꾼 등 기존 역사 책에서 찾아볼 수 없는 시시콜콜 재미있는 역사 상식들을 사진과 함께 소개하고 있답니다.

책장을 덮고 나면 당시 조선 사람들의 생활 모습이 머릿속에 생생하게 그려질 거예요. 동물을 하나의 생명체로 아끼고 존중했던 조상들의 마음씨와 왕이건 벼슬아치건 농사꾼이건 자기 위치에서 최선을 다했던 사람들의 모습들에서 순박한 우리 이웃의 이야기를 읽는 듯한 느낌도 받을 거고요. '사극은 재미있는데 역사책은 왜 어렵기만 할까?' 하고 생각한 적이 있는 어린이라면 이 책을 재미있게 읽어 나갈 수 있을 거예요.

모쪼록 이 책이 역사에 대한 흥미와 무한한 상상력을 키우는 데 많은 도움이 되었으면 합니다. 그리고 앞으로도 우리 역사에 깊은 관심과 애정을 가지는 어린이로 성장하기를 바랍니다.

신병주 건국대학교 사학과 교수

차례

추천의 말 역사적 상상력을 깨우는 조선왕조실록 속 동물 이야기 4

1장
코끼리 살인 사건 8

역사 돋보기

일본이 코끼리를 선물한 이유는 따로 있다?

외교관이 된 동물들

요즘에도 활동하는 동물 외교관, 판다

신라에 나타난 코가 긴 짐승의 정체는?

2장
천방지축 물소 길들이기 40

역사 돋보기

세종이 물소를 수입하려고 한 진짜 이유는?

물소 뿔로 만든 각궁은 최고급 명품!

물소는 쓰임새도 다양해!

3장
왕이 사랑한 동물, 잔나비 68

역사 돋보기

고고한 선비들이 애완동물을 길렀다고?

중국에서 들어온 신통방통한 원숭이

원숭이? 잔나비?

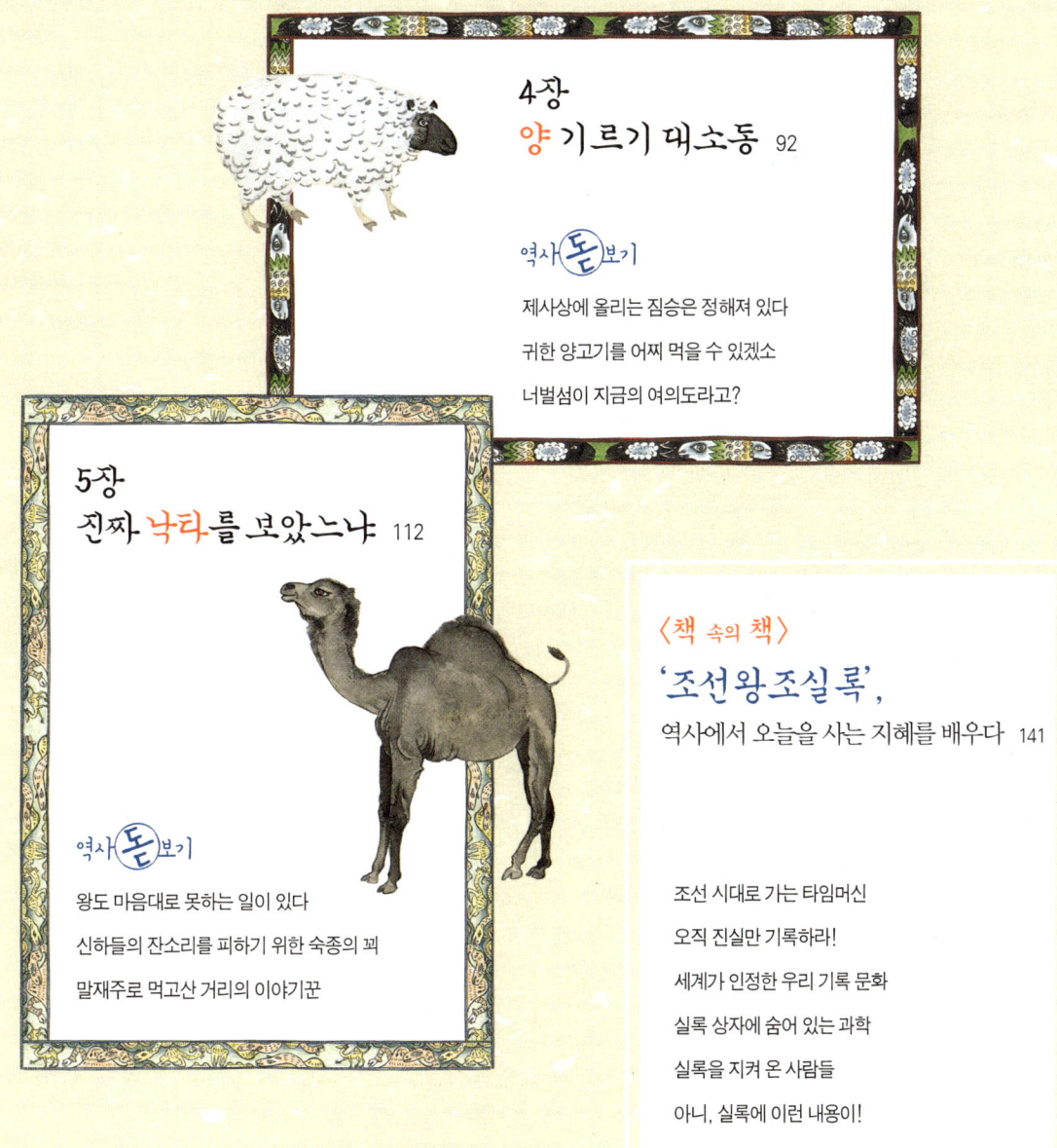

4장 양 기르기 대소동 92

역사 돋보기

제사상에 올리는 짐승은 정해져 있다
귀한 양고기를 어찌 먹을 수 있겠소
너벌섬이 지금의 여의도라고?

5장 진짜 낙타를 보았느냐 112

역사 돋보기

왕도 마음대로 못하는 일이 있다
신하들의 잔소리를 피하기 위한 숙종의 꾀
말재주로 먹고산 거리의 이야기꾼

〈책 속의 책〉
'조선왕조실록',
역사에서 오늘을 사는 지혜를 배우다 141

조선 시대로 가는 타임머신
오직 진실만 기록하라!
세계가 인정한 우리 기록 문화
실록 상자에 숨어 있는 과학
실록을 지켜 온 사람들
아니, 실록에 이런 내용이!

글쓴이의 밀 160

코끼리 살인 사건

일본 국왕 원의지가 사자(使者)를 보내어 코끼리를 바쳤으니, 코끼리는 우리나라에 일찍이 없었던 것이다. 명령을 내려 이것을 사복시에서 기르게 하니, 날마다 콩 4, 5두씩을 소비하였다.

태종 11년 2월 22일

"물렀거라, 물렀거라. 일본에서 온 사신 나가신다!"

행렬 맨 앞에 선 거덜은 말고삐를 잡아당기며 사람들을 길가로 몰아세웠어. 이리 들썩 저리 들썩 어찌나 요란하게 몸을 흔들어 대는지, 저러다 말에서 떨어지는 건 아닐까 걱정스러울 정도였지. 우쭐대는 거덜의 품새에 사람들은 혀를 끌끌 찼어.

"저, 저, 거들거리는 품새를 좀 보게나. 자기가 일본 사신이라도 되는 줄 아나 보네!"

"누가 아니래. 호랑이 등에 탄 여우가 호랑이 행세를 한다더니, 딱 그 짝이네그려."

거덜은 궁중의 말을 돌보는 하급 관리를 부르는 이름이야. 왕이 나들이하거나 사신이 왔을 때, 말을 타고서 맨 앞에서 길 트는 일을 주로 했지. 그런데 하는 짓이 거만해 보여서 거덜을 밉상스럽게 여기는 사람이 꽤 많았단다.

"어허, 길을 비키라는데 무얼 꾸물거리는 게냐?"

사람들이 비웃는 걸 아는지 모르는지 거덜은 목청을 더욱 높였어. 거덜의 하는 양이 아니꼬웠지만, 사람들은 양옆으로 물러나며 길을 터 주었지.

바로 그때였어.

"쿵, 쿵, 쿵!"

지진이라도 난 것처럼 땅이 울리면서 뿌연 먼지바람이 행렬 뒤를 따라왔어.

"저, 저건 뭐지?"

"무슨 일이야?"

사람들은 호기심 반, 두려움 반으로 그 엄청난 것이 도대체 무엇인지 알아내려고 목을 길게 뺐어. 곧 먼지 사이로 집채만 한 짐승이 시커먼 모습을 드러냈는데…….

아! 그 생김새가 어찌나 괴상망측하던지, 여태껏 그런 짐승은 처음이었다니까. 몸뚱이는 황소 열 마리를 합쳐 놓은 것처럼 어마어마했고, 털도 없이 맨송맨송한 것이 주름은 왜 또 그렇게 많은지! 게다가 한 번도 씻지 못한 양 거무튀튀했어.

"쿵, 쿵, 쿵, 쿵."

묵직한 발소리가 점점 크게 들려왔어. 가까이에서 뜯어본 그 생김새는 더욱 기가 찰 노릇이었지. 초승달 같은 눈은 졸음에 겨운 듯 느릿느릿 끔벅거렸고, 구름장 같은 귀는 바람 따라 너울거렸어. 무엇보다 희한한 건 말이지, 얼굴 한가운데에 매달린 기다란 살덩이였어. 굼벵이처럼 쭈글쭈글한 그 살덩이를 덜렁거리면서 걸어오는데, 아유, 흉측한 건 두말할 것도 없고, 언뜻 봐서는 그게 코인지 꼬리인지 분간조차 어려웠다니까.

행렬 주변은 삽시간에 아수라장이 되고 말았어. "사람 살려!" 소리 치며 꽁무니가 빠져라 내빼다가 돌부리에 걸려 자빠지는 사람이 있는가 하면, 너무 놀라 그 자리에 돌처럼 굳어 버린 사람도 있고, 죽은 듯 땅바닥에 납작 엎드리는 사람이 있는가 하면, "잡귀야, 잡귀!" 하고 고래고래 소리를 지르는 사람도 있었지. 원숭이처럼 재빠르게 나무 위로 올라가 앉은 사람은 그나마 양반이었어. 심지어 개미굴로 숨으려는 사람도 있었으니까. 미처 피하지 못한 사람들은 거덜에게 매달려 살려 달라 애원하거나, 그 짐승에게 두 손 모아 싹싹 빌었지.

이 야단법석도 아랑곳을 않고 꼿꼿하게 행렬을 이끌던 거덜은 다시 목청을 높였어.

"물렀거라, 코길이(코끼리의 옛말)님 나가신다!"

코길이가 한성(서울의 옛 이름) 땅에 첫발을 디딘 건 1411년 음력 2월 22일, 조선의 3대 왕인 태종 때였어. 왕 앞에 도착한 일본 사신은 머리를 조아리며 이 커다란 선물을 바쳤지.

"불교에서 상서로운 동물이라 일컫는 코길이이옵니다. 우리 국왕의 마음이 담긴 선물이오니 물리치지 마옵소서."

뜻밖의 선물을 받은 태종은 떨떠름하게 웃었어. 일본 사신을 물린 뒤, 태종은 신하들을 불러 모았지.

"마음이 담긴 선물이라고 하니 받기는 받았소만, 그토록 커다랗고 괴이한 짐승을 어디에다 둔단 말이오?"

그러자 한 신하가 머리를 조아리며 조심스레 말했어.

"전하, 아뢰옵기 황공하오나 사복시에서 기르게 하심이 적당할 줄로 아옵니다."

"사복시라 하면 궁중의 가마와 말을 관리하는 관청 아니오."

"전하, 앞서 일본에서 보낸 잔나비(원숭이를 이르는 옛말)도 사복시에서 잘 길러, 각 진영(조선 시대에 군사적으로 중요한 지점으로, 군대가 머무르던 곳)에 나누어 주었사옵니다."

"옳거니. 잔나비를 길러 냈으니, 코길이 또한 잘 기르겠구나. 여봐라, 저 짐승을 사복시에 보내 기르게 하라."

그날 이후로 사복시 사람들은 영 죽을 맛이었지. 코길이의 먹성을 당해 낼 재간이 없었거든. 논에서 나는 곡식, 밭에서 나는 푸성귀, 산과 들의 온갖 열매, 그리고 바짝 말린 풀까지……. 사복시 마당에는 코길이에게 먹일 온갖 것이 그득그득했어. 그런데 그렇게 쌓아 두어도 며칠 가지 못했단다. 코길이가 제일 즐겨 먹는 먹이는 콩을 담뿍 넣어 쑨 여물이었는데, 글쎄 하루에 콩 네댓 말을 먹어 치울 정도였다니까.

거덜은 일을 보러 가끔 사복시에 들렀어. 그러면 사복시 사람들은 기다렸다는 듯이 우르르 몰려와 울상을 지으며 하소연을 해 댔지.

"코길이 저놈 배 속엔 거지가 떼로 들어앉은 게 틀림없네. 잠도 안 자고 온종일 먹어 대기만 하니 원."

"먹기만 하면 양반이게? 똥은 또 얼마나 많이 싸는지, 만날 저놈 똥 치우느라고 허리가 끊어질 지경이라네."

"물 건너 일본 양반네들은 우릴 못 잡아먹어서 안달이 났나! 이태전이던가, 큰나빈지 잔나빈지 하는 짐승을 끌고 와서는 노심초사하게 만들었던 게 엊그제 같은데, 이젠 저 괴물 같은 코길이라니! 다리 뻗을 새가 없네, 다리 뻗을 새가."

"아, 그건 3년 전 일 아녀? 그리고 일본이 아니라 유구국(일본 오키나와) 사신이 데려온 거……."

"지금 그게 중요한가! 눈치가 없어도 유분수지!"

평소 눈치 없기로 둘째가라면 서러울 정도인 사복시 사람 하나가 공연히 알은체하며 끼어들었다가 면박만 당했지.

"이보게, 거덜! 자네가 코길이를 데려왔으니까 어떻게 좀 해 보시게나. 이러다 사복시 살림 완전히 결딴나게 생겼네."

이런 말을 들을 때마다 기덜은 씩씩대며 코길이한테 달려갔어. 하지만 코길이 앞에만 서면 화를 낼 수가 없는 거야. 코길이가 용케 거덜을 알아보고 반기니까 그만 마음이 약해졌거든. 그러면 거덜은 또 코길이를 붙잡고 푸념을 늘어놓았지.

"후유, 누가 뭐래도 난 코길이 네가 세상에서 가장 부럽다. 말처럼 사람을 태우길 하나, 개처럼 집을 지키길 하나. 일 안 해도 먹여 주고 재워 주니, 너 같은 상팔자가 또 어디 있겠냐? 하루만이라도 너처럼 살아 봤으면 원이 없겠다."

그러면 코길이는 위로라도 하듯이 그 기다란 코로 거덜의 얼굴을 쓰다듬어 주곤 했어.

발 없는 말이 천 리를 간다고 했던가…….

궁에서 코길이 먹이 때문에 씨름을 하는 동안, 코길이에 대한 소문

은 꼬리에 꼬리를 물고 팔도 사방으로 퍼져 나갔어. 이 소문이 경기도를 지날 때까지만 해도 코길이는 본디 모습과 그리 다르지 않았지.

"한성에 코길이란 짐승이 나타났는데, 몸뚱이는 집채만 하고, 거죽은 환갑이 넘은 늙은이처럼 자글자글 주름살투성이고, 눈은 초승달같이 가늘고, 코는 엄청 길어서 꼭 다리가 다섯 개 같더라니까. 게다가 다리통도 어찌나 굵은지 족히 한 아름은 될 듯싶더구먼."

하지만 충청도를 지나면서 코길이의 모습은 달라지기 시작했지.

"한성에 코길이란 짐승이 나타났대유. 몸뚱이는 남산만 허구, 거죽은 백 살 넘은 노인네처럼 쪼글쪼글 주름살투성이구, 눈은 반달처럼 갸름허구, 다리는 다섯 개나 달렸는디, 코는 다리에 붙어 있다지 뭐예유. 게다가 다리통은 어찌나 굵은지 꼭 아름드리 낭구가 걷는 것 같대유."

전라도에 이르러서는 생김새가 완전히 다른 짐승이 되고 말았어.

"아, 한성에 시방 쾨길이란 즘생이 나타났는디, 아, 몸집은 겁나게 커서 태산만 허고, 거죽은 천 살 넘은 산신령처럼 짜글짜글 주름살투성이고, 눈구녕은 보름달처럼 둥그렇고, 다리는 다섯 개나 달렸는디, 아, 글씨, 코는 발바닥에 붙어 있다는구만이라. 그라고 다리통은 월매나 굵직한지 꼭 천 년 묵은 낭구가 걷는 것처럼 보였단 말이시."

하긴 그 소문이 전라도까지 오는 데 꼬박 일 년하고도 여섯 달이나 걸렸으니 그럴 만도 했지.

마침내 전라도 남쪽 끄트머리 대나무골이라는 작은 마을에 사는 이우의 귀에까지 코길이에 대한 소문이 흘러들었어. 이우는 나라에서 높은 벼슬을 하다 고향으로 내려왔는데, 고을 원님의 말도 귓등으로 흘려버리는 고집불통 양반이었지.
　"쳇! 코길이라고? 생전 처음 듣는 짐승이로고. 한성의 살림살이를 속속들이 아는 나도 모르는 짐승이 어찌 있을 수 있단 말이냐! 감히 누가 그런 헛소문을 퍼뜨렸는지 찾아내 당장 대령하렷다!"
　이우의 불호령이 떨어지자마자 하인들은 대나무골을 이 잡듯 뒤져 소문을 옮기고 다닌 사람을 찾아 데려왔어. 영문도 모르고 끌려온 남자는 자기를 찾은 게 이우라는 걸 알고는 안절부절못했지.
　그도 그럴 것이 이우의 생긴 모양을 보면, 온몸이 대꼬챙이처럼 꼬

치꼬치 말라서 뭘 입어도 허수아비 같았고, 두 볼은 홀쭉하고 광대뼈만 툭 불거져서 석 달 열흘 피죽도 못 얻어먹은 사람처럼 보였는데, 눈빛만은 번뜩여서 한여름에도 오싹 소름이 돋을 정도였거든.

이우는 턱 아래로 길게 늘어뜨린 수염을 쓰다듬으며 물었어.

"네가 코길이라는 괴상망측한 짐승에 대해 소문을 퍼뜨리고 돌아다닌다던데, 그 말이 사실이렷다!"

"지도 건넛마을 아무개한테 들은 소리구만이라."

"그래? 들은 대로 낱낱이 고해라. 만약 네 말이 거짓으로 드러날 때는 내가 네놈을 가만두지 않을 것이야."

"얼매 전에 일본에서 건너온 즘생이라는 야그만 들었구만이라. 코길이란 그 즘생 때문에 한성서는 난리가 났다고 하던디요. 그 즘생이 걸을 때마다 땅이 쩍쩍 갈라지고, 하늘에서는 천둥 번개까지 쳤다고 하더랑게요."

"일본 국왕이 보낸 선물일지도 모르겠군……. 종종 기이한 짐승을 보내오는 것은 내 익히 아는 바이지."

"그 즘생 때문에 궁궐까지 흔들흔들 무너질 뻔했당게요. 임금님까장 궁궐 밖으로 도망을 혀서 간신히 목숨을 붙였다고 하던디……."

여기까지 듣던 이우는 소리를 버럭버럭 질렀어. 꽹과리처럼 쨍쨍 울리는 목소리가 귀청을 찢을 듯했지.

"뭬야! 코길이란 놈이 대체 어떤 짐승이기에 감히 임금님을 농락했단 말이냐? 당장 한성으로 가야겠다. 가서 그놈의 낯짝을 보고 혼꾸멍내 줘야겠구나."

이우는 그길로 한성 갈 채비를 서둘렀어. 오랜만에 이우의 잔소리에서 벗어나게 된 마을 사람들은 뛸 듯이 기뻐했지.

때는 1412년 음력 12월 10일, 유난히 추운 겨울날이었어. 그날따라 코길이는 아침밥도 거른 채 웅크리고 있었지. 조선에 와서 두 번째 맞는 겨울이었지만 추위에는 여전히 익숙지 않았던 모양이야.

"코길아, 웬일이냐? 네가 입맛이 없을 때도 있고……."

거덜은 평소처럼 코길이에게 말을 걸었지. 하지만 코길이는 꼼짝도 하지 않았어.

"자, 방금 쑨 따끈따끈한 콩 여물이야. 네가 제일 좋아하는 거잖아. 어서 먹으려무나."

거덜은 커다란 여물통에 콩 여물을 쏟아부으며 말했어.

"어째 오늘은 알은척도 안 하네. 정말 어디가 아프기라도 한 건가?"

코길이는 여전히 본체만체했어. 웬일인지 거덜뿐만 아니라 여물도 거들떠보지 않았지.

그때 밖에서 문을 쾅쾅 두드리는 소리가 들려왔어.

"이리 오너라. 게 아무도 없느냐?"

시끄러운 소리가 귀에 거슬렸는지 코길이가 신음을 했지. 코길이 눈치를 살피던 거덜은 후다닥 문을 열고 바깥으로 나갔어.

"이곳에 기이한 짐승이 있다는 소문을 듣고 왔느니라. 내 잠시 보고 갈 터이니 어서 이 문을 열어라!"

갓 쓴 선비는 다짜고짜 분부를 내렸어.

"있기는 하오나, 아무나 들이지 말라는 명이 있었습니다."

거덜은 최대한 공손하게 대답했지.

"네놈이 양반을 어찌 알고 감히 말대꾸란 말이냐? 당장 이 문을 열지 못할까!"

"코길이는 임금님께서 아끼시는 진귀한 동물이옵니다. 그동안 소문을 들은 양반님네가 여럿 찾아오셨으나, 허락을 받은 분들만 보실 수 있었습니다."

거덜의 말에 선비의 얼굴이 붉으락푸르락해졌어.

"어허, 그래도 이놈이! 내가 누군지 알고 이렇게 막아서는 게냐? 나로 말할 것 같으면 공조 전서(지금의 국토해양부 장관쯤 되는 조선 전기 으뜸 벼슬)를 지낸 이우라는 사람이니라, 에헴!"

선비는 헛기침을 하며 가슴팍까지 늘어진 수염을 쓰다듬었어. 아니나 다를까, 그 선비는 바로 전라도 대나무골에서 코길이를 찾아온 이우였던 거야. 하지만 거덜은 미심쩍은 얼굴로 머리를 조아렸어.

"영감마님, 소인의 무례를 용서해 주십시오. 하오나 오늘은 날이 추워 코길이의 심기가 불편하니, 다른 날 다시 찾아 주시면 아니 되겠습니까?"

하지만 이우는 꼼짝도 않고 되레 큰소리를 쳤지.

"어허, 어느 안전이라고 또박또박 말대답을 하는 게냐? 당장 물러서지 못할까?"

어쩔 수 없이 거덜은 문을 열어 주었어. 이우는 뒷짐을 진 채 점잔을 빼며 우리 안으로 들어갔지. 거덜은 이우를 뒤따르며 주의해야 할 것들을 일러 주었어.

"코길이는 보기보다 예민한 짐승입니다. 그러니 가까이는 가지 마시고, 멀리서 지켜만 보십시오."

"뭬야? 감히 누구더러 누굴 대접하라는 것이냐. 네 이놈! 잔소리 말고 썩 꺼져라!"

결국 거덜은 문밖으로 쫓겨나는 신세가 되었어. 하지만 계속 우리 주변을 서성이며 안을 엿보았지. 코길이가 걱정되었던 거야.

이우는 코길이에게도 냅다 소리부터 질렀어. 그날따라 이우의 목소리는 더욱 쨍쨍하게 울렸지. 마치 꽹과리 열 개를 한꺼번에 두들겨 대는 것 같았다니까.

"네놈이 임금님이 계신 궁궐로 쳐들어간 코길이란 놈이더냐?"

코길이는 여전히 웅크린 채로 꼼짝도 하지 않았어. 가만히 있는 코길이가 만만해 보였는지, 이우는 좀 더 가까이 다가가 구석구석 훑어보기 시작했어.

"어허, 소문처럼 그렇게 덩치가 크지도 않고, 보름달만 하다던 눈은 뜬 건지 감은 건지도 모르겠구나. 네놈 꼬락서니가 왜 이 모양이냐? 얼굴에 달린 길쭉한 건 주둥이인지 다리인지 꼬리인지 징그럽기 짝이 없고……."

이우는 코길이에게 삿대질을 해 가며 혀를 끌끌 찼어. 수염까지 부

르르 떨면서 말이야. 그때였어. 까닭도 모르는 채 당하고 있던 코길이가 갑자기 코를 치켜들었어.

"허허 참, 꼴이 추해도 너무나 추해서 꿈에 볼까 두렵구나, 두려워. 이런 네놈을 보자고 그 먼 길을 달려왔다니……. 에잇, 퉤!"

이우는 코길이 얼굴에 침을 탁 뱉었어. 그리고 돌아서려는 찰나, 코길이가 "뿌우우!" 하고 울음소리를 토해 내더니 코를 휘둘러 이우의 뒤통수를 후려쳤어. 그 바람에 이우의 갓이 바닥에 떨어지고 말았지.

"아이코, 내 머리! 아이코, 내 갓!"

갓은 코길이 발 앞에 있었어. 이우는 비틀거리면서 갓과 코길이를 번갈아 노려보았지.

"네 이놈! 감히 양반을 때려?"

이우는 버럭 성을 내며 갓을 주우러 코길이에게 다가갔어. 코길이도 코를 치켜들며 벌떡 일어섰지.

문밖에서 이 광경을 지켜보던 거덜은 후다닥 뛰어가 사람들을 불러 왔어. 그러나 사람들이 도착했을 땐 이미 사건이 벌어지고 난 뒤였지. 다만 이우의 도포 자락에 남아 있는 커다란 발자국만이 범인을 짐작게 할 뿐이었이.

"살인 괴수 코길이는 오라(도둑이나 죄인을 묶을 때 쓰던 줄)를 받아라!"

포도청(조선 시대에 범죄자를 잡거나 다스리는 일을 맡아보던 곳)에서 나온 군사들은 코길이를 줄로 묶어 데려가려 했지. 하지만 창과 칼을 보고서 코길이가 날뛰는 바람에 손도 댈 수가 없었어. 어쩔 수 없이 거덜이 나서서 코길이를 달래 왕과 신하들이 모인 근정전(조선 시대에 왕의 즉위식이나 중대한 의식 따위를 하던 곳) 앞으로 끌고 갔단다.

태종은 코길이를 향해 근엄한 목소리로 말했어.

"네 죄를 네가 알렷다!"

하지만 코길이는 멀뚱멀뚱 바라보기만 할 뿐이었지.

"코길이에게 어떤 벌을 내리는 게 마땅하겠소? 좋은 생각이 있으면 서슴지 말고 말해 보시오."

신하들은 이우의 죽음을 슬퍼하며 코길이의 사형을 주장했어.

"눈에는 눈, 이에는 이, 죽음에는 죽음이옵니다. 전하, 사약을 내리심이 옳을 줄로 아뢰옵니다."

"하오나 사약을 몇 사발이나 마셔야 죽을지는 아무도 모르는 일이옵니다. 또 누가 감히 저 거대한 괴수에게 사약을 먹일 수 있겠사옵니까?"

"사약을 먹이는 것이 어렵다면, 굶겨 죽이는 것은 어떻겠사옵니까? 짐승에게는 먹이를 주지 않는 것보다 더 큰 벌이 없을 것이옵니다."

이야기를 듣던 태종은 답답한 듯이 눈을 감았어.

"전하, 본디 이우의 성품은 대쪽 같다 못해 고집불통에 가까웠사옵

니다. 혹 이우가 코길이의 화를 자극해 빚어진 일은 아닌지 모르겠습니다. 그러니 굶겨 죽이는 것은 너무 가혹한 벌이라 생각되옵니다."

"그렇사옵니다, 전하. 어리석은 짐승이 무얼 알고 그런 일을 저질렀겠사옵니까. 곤장 백 대쯤 쳐서 내보냄이 적당할 줄로 아뢰옵니다."

"저 짐승을 끌고 오려고 창과 칼로 위협했지만 소용이 없었사옵니다. 아마도 곤장 백 대를 다 치기도 전에 저 무지막지한 짐승에게 밟혀 죽고 말 것이옵니다. 전하, 또 다른 사람을 다치게 할 수도 있으니 저 살인 괴수 코길이를 한강에 빠뜨려 죽이심이 어떠하올지······."

"코길이가 물에 빠져 죽지 않고 소처럼 헤엄을 잘 칠지도 모르는 일 아니옵니까? 전하, 코길이를 높디높은 절벽에서 살짝 밀어 버리는 게 좋을 듯하옵니다."

"무릇 벌을 주는 까닭은 죄를 반성케 하려는 것이옵니다. 코길이가 비록 우매한 짐승이긴 하오나 사람 없는 첩첩산중에 가두어 둔다면 사람이 얼마나 귀하고 소중한지 깨닫게 될 것이옵니다."

신하들은 하나같이 자기 뜻을 굽히지 않고 팽팽하게 맞섰어.

"전하, 아뢰옵기 황공하오나 코길이는 일본 국왕이 보내온 선물이옵니다. 혹여 나중에라도 그 짐승을 죽이거나 상하게 했다는 말을 듣게 되면 그들이 어찌 나올지 모르는 일이옵니다."

"전하, 신의 생각도 같사옵니다. 고려 태조가 요나라에서 보낸 낙타

쉰 마리를 굶겨 죽여 전쟁을 치러야 했던 사건을 잊지 마옵소서."

이야기를 다 들은 태종은 길게 한숨을 내쉬었어.

"코길이에게 사건의 진상을 들어 볼 수도 없으니 결정을 내리기가 쉽지 않소. 짐도 이우의 일은 애석히 여기나 일본 국왕의 성의를 무시할 수도 없는 노릇이니 좀 더 두고 생각해 보았으면 하오."

태종의 결정으로 다행히 코길이는 목숨을 건질 수 있었지.

그러나 1년 뒤인 1413년 음력 11월, 코길이는 또다시 사람을 다치게 했단다. 이제는 태종도 더 이상 코길이 편을 들 수 없게 되었지.

병조판서(군사에 관한 일을 맡아보던 조선 시대 으뜸 벼슬) 유정현(1355~1426년: 고려 말, 조선 초의 문신)은 신하들의 의견을 모아 태종을 찾아가 아뢰었어.

"일본에서 바친 코길이는 전하께서 좋아하는 물건도 아니고, 나라에 이익도 없사옵니다. 또 코길이에게 먹이는 콩이 1년이면 수백 석에 이르지만, 아무 쓸모가 없어 나라의 재산만 축내고 있는 형편이옵니다. 게다가 이미 두 사람이나 상하게 했사옵니다. 전하, 이제는 코길이를 전라도 앞바다의 섬으로 귀양 보내심이 옳을 줄로 아뢰옵니다."

코길이가 궁에서 쫓겨나 귀양을 가던 날도 거덜이 말을 타고 행렬을 이끌었어. 맨 처음 궁에 코길이를 데려왔을 때처럼 말이야. 사람들은

그때처럼 아우성치며 부랴부랴 도망가기 바빴지. 하지만 오랜만에 우릿간을 벗어난 코길이는 소풍이라도 나선 어린아이처럼 거덜의 꽁무니를 졸레졸레 따랐어. 거덜은 언제나처럼 거들먹거리며 소리를 질렀지.

"물렀거라! 사람 죽인 코길이님 나가신다. 밟혀 죽기 싫으면 얼른 길을 비켜라."

코길이가 배까지 타고서 도착한 귀양지는 전라도에 있는 장도(전남 여수시 율촌면 장도리에 딸린 섬)라는 섬이었어. 사람이 살지 않는 외딴섬이라 먹을 것이라고는 바닷가 근처에 자라는 짜디 짠 풀뿐이었지. 코길이는 먹이를 찾아 온 섬을 헤맸단다. 하지만 이미 겨울을 맞이한 섬에 변변한 먹을거리가 있을 리 없었어.

그로부터 여섯 달 뒤, 전라도 관찰사(그 지방의 경찰권, 사법권, 징세권 따위에 권한을 가진 조선 시대 각 도의 으뜸 벼슬)는 태종에게 장계(지방에 나가 있는 신하가 자기가 관할하는 구역의 중요한 일을 왕에게 보고하던 일이나 문서)를 올렸어.

"코길이를 장도에 놓아길렀더니, 물가에 자라는 풀을 먹지 않아 날

로 수척하여지고, 사람을 보면 눈물을 흘리옵니다."

　태종은 코길이의 처지를 불쌍히 여겼지.

　"말 못하는 짐승이 오죽 힘들었으면 눈물을 흘렸겠소. 코길이를 다시 육지로 데려다 기르게 하시오."

　이제 코길이를 먹여 살리는 것은 전라도 몫이 되었어. 전라도 관찰사는 네 고을이 돌아가며 코길이를 기르게 했지. 육지로 온 코길이는 입맛을 되찾았어. 1년 동안 먹은 게 쌀이 마흔여덟 섬, 콩이 스물넉 섬이나 될 정도였지. 코길이 먹이를 마련하느라 고을 수령들은 백성들에게 곡식을 거두었어. 당연히 여기저기서 불평불만이 쏟아졌지.

　"워메, 나라에 바치는 세보다 더 무서운 게 코길이 밥값이랑게."

　"그랑게 말이여, 상전도 그런 상전이 없당게. 오죽허믄 호환, 마마보다 더 무서운 게 코길이라고 허들 않는가."

　코길이를 맡아 기른 지 7년이 다 되어 가던 1420년 어느 날, 참다못한 전라도 관찰사는 다시금 조정에 장계를 올렸어.

"전하의 명으로 그동안 전라도에서 코길이를 먹여 길렀사옵니다. 허나 코길이란 짐승은 아무짝에도 쓸모가 없는데도 먹는 양은 엄청나서 전라도 백성들만 괴로움을 겪고 있사옵니다. 청컨대, 충청도와 경상도까지 돌아가면서 기르게 하소서."

당시 태종은 왕의 자리에서 물러난 뒤였지. 그러나 코길이의 소식을 듣고서 모른 체할 수가 없었어. 태종은 자기 뒤를 이어 왕이 된 세종에게 넌지시 말했어.

"전라도 관찰사의 말이 옳으니 그대로 따르는 게 어떻겠소?"

그러나 석 달도 되지 않아 코길이는 돌이킬 수 없는 사고를 저지르고 말았지. 충청도 공주에서 또다시 사람을 해친 거야. 이 소식을 들은 충청도 관찰사는 지체 없이 한성에 장계를 올렸어.

"전하, 공주에서 먹이를 주던 종이 코길이 발에 차여 죽었사옵니다. 코길이라는 짐승은 나라와 백성들에게 아무런 쓸모가 없고, 꼴(말이나 소에게 먹이는 풀)과 콩은 다른 짐승보다 무려 열 곱절이나 더 먹사옵

니다. 게다가 이제 사람을 해치기까지 하니 더 이상 두고 기를 이유가 없사옵니다. 전하, 원하옵건대 바다 섬 가운데에 있는 목장에 데려다 놓고 그곳에서 기르게 하소서."

　세종은 코길이가 가여웠지만 충청도 관찰사의 청을 허락할 수밖에 없었어. 백성을 먼저 생각하려 애쓰는 어진 왕다운 결정이었지. 하지만 코길이에 대한 걱정도 잊지 않았단다.

　"병들어 죽지 않게끔 물과 풀이 좋은 곳을 가려서 코길이를 풀어 놓으라 단단히 이르시오."

　다시 섬으로 귀양을 간 코길이는 어떻게 살았을까? 너무나 궁금하지만, 안타깝게도 코길이에 대한 기록은 여기까지야. 그저 좋은 쪽으로 상상해 볼 수밖에. 그곳에서 또 다른 거덜을 만나 사랑받으며 행복하게 오래오래 살았을 거라고 말이야.

일본이 코끼리를 선물한 이유는 따로 있다?

　지금으로부터 약 600년 전인 1408년 6월 22일, 일본의 와카사 지방에 낯선 배가 한 척 들어왔어. 그 배는 동남아시아 쪽에서 왔는데, 갑자기 폭풍에 휩쓸리는 바람에 일본까지 밀려오게 된 거야. 배에서 내린 사람들은 당시 일본의 국왕이었던 아시카가에게 살아 있는 코끼리를 바쳤어. 그리고 2년 8개월 뒤, 일본은 그 코끼리를 조선으로 보냈단다.

　왜 일본은 선물 받은 귀한 코끼리를 조선에 선물했을까? 말이 선물이지, 사실 일본이 바라는 건 따로 있었어. 코끼리를 구실로 그토록 원했던 '고려 대장경'을 받아 볼 속셈이었던 거야. 일본은 조선 시대 초부터 줄기차게 '고려 대장경'을 달라고 졸랐지만 번번이 거절당했거든. 그런데 때마침 외국에서 신기한 코끼리를 선물로 받고는 '고려 대장경'과 바꿀 만한 좋은 구실이라고 생각했을 테지. 이런 귀한 선물을 거절하는 것은 예의가 아니었으니까 조선에서 마다하지 못할 것이라고 예상했을 테고. 그래서 일본에 최초로 온 코끼리가 조선으로 건너오게 된 거야.

결국 일본은 그토록 원하던 '고려 대장경'을 손에 넣었을까? 실록에 따르면 조선은 일본에 여러 번 인쇄된 대장경을 주었다고 해. 또 현재 일본에 '고려 대장경'의 일부가 남아 있지. 이런 사실을 보면 아마 코끼리가 외교관 노릇을 톡톡히 한 모양이야.

해인사 대장경판
고려 시대에 제작한 대장경판으로 경남 합천군 해인사에 보관되어 있다. 이 경판으로 찍어 낸 책이 바로 '고려 대장경'이다. '고려 대장경'은 고려 시대에 두 차례 펴낸 대장경을 통틀어 이르는 말이다. 처음에 만든 것은 몽골 군이 침입했을 때 없어졌고 두 번째로 만든 것이 지금까지 남아 있는데, 이를 '팔만대장경'이라고 부른다.

외교관이 된 동물들

왜 짐승한테, 그것도 하필 코끼리한테 외교관 노릇을 시켰을까? 예나 지금이나 귀한 건 가치가 높잖아. 귀한 물건이나 짐승을 보내 환심을 사 두면 나중에 원하는 것을 요구하기가 좀 더 쉽지 않겠어? 게다가 예부터 많은 나라에서 코끼리를 복을 가져다주는 짐승이라 여겨 왔으니 일본으로서는 더할 나위 없이 좋은 기회였던 거지. 조선에서 흔히 볼 수 없는 신기한 짐승을 선물해서 일단 환심을 얻자는 생각이었겠지.

당시에 내가 코끼리 같은 귀한 선물을 받았다면 어땠을까 생각해 봐. 친구들의 부러움을 한 몸에 살 테고, '이런 귀한 선물을 준 친구에게 어떻게 보답해야 할까?' 하는 생각이 들 거야. 그 친구가 하는 부탁은 웬만하면 들어주어야겠다는 마음도 생기겠지. 이처럼 선물 하나가 서로의 관계를 한층 돈독하게 만들 수도 있단다.

나와 친구의 관계를 나라와 나라의 관계라고 생각해 보렴. 선물 하나가 나와 친구의 관계를 좀 더 돈독하게 했듯이, 나라와 나라의 관계에도 중요한 영향을 끼쳤을 것 같지 않니?

그렇다면 이처럼 외교관 노릇을 했던 짐승이 코끼리뿐이었을까? 일본과 유구국은 원숭이나 물소 같은 짐승도 선물로 보내왔어. 물론 이런 짐승 역시 조선에는 살지 않는 희귀한 것들이었지. 조선도 이들의 성의를 무시하지는 않았어. 귀한 짐승을 보내온 답례로 주로 쌀, 콩, 무명 따위의 식량이나 생활필수품을 주었으니까. 섬나라인 일본과 유구국은 땅이 척박해서 농사짓기가 어려운 형편이라

무척 좋은 선물이 되었을 거야. 게다가 이따금 노새, 낙타, 양, 흰 두루미 등을 일본에 보내기도 했어. 중국에서 받은 외국 짐승이나 조선에서 자라는 진귀한 짐승으로 골라서 말이야.

그런데 짐승들을 받으면 처음엔 좋을지 몰라도, 막상 기르기는 만만치 않았지. 이야기 속 코끼리처럼 사고나 치고 어마어마하게 먹어 대는 골칫덩이도 있었으니까. 그렇다고 함부로 내버리거나 죽일 수도 없는 노릇이었어. 어쨌든 생명이 있는 짐승이고, 더구나 선물한 나라를 대표했기 때문이야.

요즘에도 활동하는 동물 외교관, 판다

옛날과 달리 요즘은 귀한 동물들을 외국에 선물하는 일이 드물어. 이제는 세계 어디서든 동물원에만 가면 외국 동물들을 볼 수 있잖아. 하지만 중국의 판다는 요즘에도 동물 외교관으로 활동하고 있단다. 오늘날 판다는 1600마리 정도만 남아 있는 희귀한 동물인 데다 생김새까지 귀여워 세계인에게 사랑을 받고 있거든. 중국은 미국을 비롯해 영국, 러시아, 일본 등 세계 여러 나라 정상들에게 우호의 상징으로 판다를 선물했어. 물론 판다를 보내면서 그 나라와 외교 관계가 돈독해지길 바라는 마음도 있었지. 기대대로 판다는 외교관 노릇을 톡톡히 해냈어. 1972년 중국 베이징을 찾은 닉슨 대통령에게 선물한 판다 한 쌍은 사이가 좋지 않던 미국과 중국의 관계를 부드럽게 하는 데 도움을 주었다고 해. 바로 이 때문에 '판다 외교'라는 말이 생겨났지.

판다
2008년에 중국이 대만에 선물한 자이언트 판다 수컷 '퇀퇀'과 암컷 '위안위안'. 중국의 판다 선물은, 외국에 판다를 선물하지 않겠다고 밝힌 1982년 이후로 처음 있는 이례적인 일이었다. 이 판다 한 쌍은 오랫동안 좋지 않았던 관계를 풀어 보자는 화해의 뜻으로 대만에 보내진 것이다.

    1982년 이후에 중국은 멸종 위기 동물을 보호한다는 이유로 판다를 선물하지 않기로 했어. 대신 돈을 받고 판다를 빌려 주기 시작했지. 현재 미국, 에스파냐, 일본이 판다를 빌려서 기르고 있어. 우리나라도 한·중 수교 2주년을 기념해 1994년에 판다 '리리'와 '밍밍'을 인공 증식 연구용으로 빌려서 길렀단다. 말하자면 야생 동물인 판다를 일정한 장소에서 기르며 새끼를 낳게 하려던 거지. 하지만 인공 증식에 실패한 뒤 1998년에 중국으로 되돌려 보냈어. 또 판다는 2008 베이징 올림픽의 마스코트로도 활동했어. 쓰촨 성 판다 보호 구역에서 베이징으로 옮겨 와 올림픽 홍보 대사로서 외국 손님들을 맞이했지.
    중국의 상징이자 동물 외교관인 판다, 앞으로는 또 어떤 활동을 할지 궁금하지 않니?

신라에 나타난 코가 긴 짐승의 정체는?

그런데 말이야, 정말 조선 시대에 처음으로 코끼리가 들어왔을까? 그렇지 않을 수도 있다는 추측을 하게 만드는 자료가 있단다.

"소같이 생긴 이상한 짐승이 있는데, 몸은 길고 높으며 꼬리의 길이가 석 자가량이나 되고 털은 없고 코가 긴 놈이 현성천에서 오식양으로 향하여 갔습니다."

'삼국사기'의 신라 소성왕 때(799년) 기록이야.

코가 긴 놈이라…… 혹시 코끼리? 당시 신라는 당나라를 비롯해 외국과 활발하게 교류를 했으니, 기록에 남은 이 희한한 짐승은 외국 사람이 데려온 코끼리였을지도 몰라.

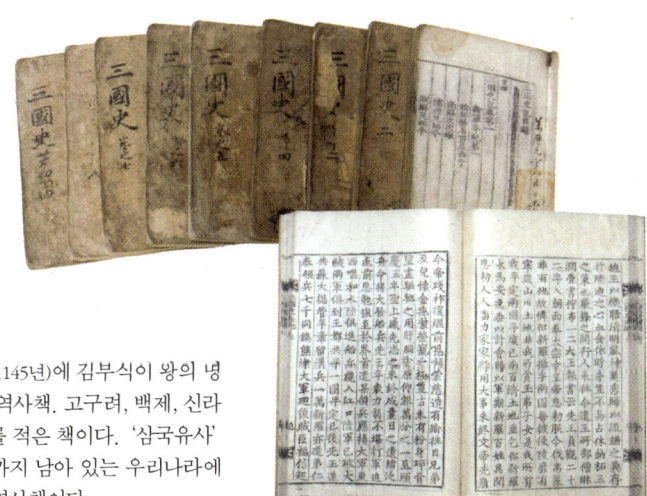

'삼국사기'
고려 인종 23년(1145년)에 김부식이 왕의 명령에 따라 펴낸 역사책. 고구려, 백제, 신라 세 나라의 역사를 적은 책이다. '삼국유사'와 더불어 지금까지 남아 있는 우리나라에서 가장 오래된 역사책이다.

천방지축 물소 길들이기

병조에서 아뢰기를,

『김수동 등이 의논한 결과, 물소를 민원에 따라 처리하는 것이 마땅하다고 합니다. 각 고을에서 나누어 기르는 물소를 백성의 청원에 따라 나누어 주어서 밭을 갈게 하되, 혹 죽거나 잃어버리더라도 죄를 다스리지 말게 하소서.』

하니, 그대로 허락하였다.

중종 3년 11월 6일

1510년 음력 10월 어느 날, 젊은 선비가 충청도의 한 마을을 지나고 있었지. 괴나리봇짐에 짚신까지 몇 켤레 매단 품이 먼 길을 나섰던 모양이야.

"이노오옴, 게 섰거라! 잡히기만 혀, 내가 가만 안 둘 것이구먼!"

천둥 치듯 쩌렁쩌렁 울리는 소리에 흠칫 놀란 선비는 그 자리에 우뚝 멈추어 섰어. 그러고는 슬그머니 소리 나는 곳을 돌아다보았지. 아, 그랬더니 덩치 큰 사내가 헉헉 숨을 몰아쉬며 달음박질치는 게 아니겠어. 온몸이 흙투성이인 데다, 깨진 무릎에서는 피가 줄줄 흐르고, 길게 땋아 늘인 떠꺼머리는 마구 흐트러져 바람에 흩날렸지. 무엇보다 가장 섬뜩한 건 사내가 어깨에 둘러멘 도끼였어. 시퍼렇게 선 날이 햇빛을 받아 유난히 번뜩거렸거든.

"쯧쯧…… 저러다가 큰일 치르겠네."

선비는 발길을 돌려 사내의 뒤를 쫓았어. 이내 눈앞에 널따란 강이 나타났지. 한발 앞서 강가에 닿은 사내는 우뚝 멈추어 섰어. 그러더니만 그 자리에 털썩 주저앉아 꺼이꺼이 목 놓아 우는 거야. 그러다가 또 느닷없이 껄껄 웃는데, 이건 뭐 귀신한테 홀리기라도 한 건지……. 도대체 무슨 사연일까? 선비는 사내에게 다가가 조심스레 말을 걸었어.

"에헴! 무슨 억울한 일이라도 당한 게냐?"

사내는 고개를 들어 선비를 쓱 훑어보더니만 설레설레 고개를 저으며 말했어.

"말혀두 모를 겨. 방구석탱이에 틀어박혀 글이나 읽는 양반덜은 아무것두 몰러."

"아니, 이놈이…… 뭘 믿고 함부로 지껄이는 게냐? 꼴이 이래도 양반은 양반이니라."

선비는 호통을 치고는 자기도 머쓱했는지 헛기침을 했어. 남루한 무명옷에 구멍 난 갓, 다 떨어져 대롱거리는 갓끈……. 언뜻 보아도 꾀죄죄한 차림새가 거지 꼴이나 다름없었거든.

"괜스레 시비 걸지 말구 조용히 가던 길이나 가슈."

사내는 인상을 찌푸리며 거칠게 말했어. 하지만 선비는 차마 발길이 떨어지지 않았지. 반미치광이 같은 사내를 그냥 두고 가면 마음이 편하겠어? 선비는 다정하게 다시 말을 걸어 보았지.

"가뭄이 들어 농사를 망쳐서 그러느냐?"

"……그 때문만은 아녀."

"그럼 사또가 세금을 호되게 물리더냐?"

"그늠으로 말하자문…… 사또 나리보다 더 난폭허구 세금보다 더 무시무시헌 늠이여!"

사내는 주먹을 불끈 쥐며 몸서리를 쳤어.

"아니, 대체 어떤 놈이기에 사람을 이 지경으로 만들었느냐? 어서

말해 보아라. 혹시 내가 도울 일이 있을지도 모르니…….”

마치 자기 일인 듯 열을 올리는 선비를 보며 사내는 어처구니가 없다는 듯 피식 웃었어. 그러더니 손가락으로 강을 가리켰지.

"그늠은 바로 쩌어기…… 저늠이여.”

그제야 강물 위로 큼지막한 뿔과 뭉툭한 주둥이만 내놓고서 헤엄을 치고 있는 시커먼 짐승이 보였어.

“못 보던 짐승이로구나.”

“아니, 밤낮으루 읽는 책에는 그런 것두 안 나온디야? 대체 양반덜은 방구석에 들어앉아서 뭔 공부를 허는지…….”

“어허, 보자 보자 했더니 이놈이 계속 반말지거리를…….”

“듣기 싫으문 기냥 가든지.”

“알았다. 그놈 성질하고는…….”

“참, 내 이름은 꺽쇠라고 허는디…… 이래 봬도 이 마을서는 알아주는 씨름꾼이여.”

짧은 순간이었지만 꺽쇠의 눈에서 불길이 활활 이는 듯했지. 하지만 눈을 돌려 그 짐승을 보더니 금세 기가 꺾여서 한숨을 토하듯 말을 뱉있어.

“저늠을 만난 건 지난해 겨울이여. 시방도 그때 일이 생생허게 기억나는구먼, 후유…….”

그렇게 꺽쇠는 길고 긴 사연을 풀어 나갔지.

꺽쇠가 들려준 이야기

때는 지난해 어느 겨울날이었어. 그날따라 몸이 왜 그렇게 근질근질, 들썩들썩허는지, 일없이 장터거리를 쏴댕겼구먼. 그런디 담벼락 앞에 사람덜이 개미처럼 바글바글헌 거여. 어디서 씨름판이라도 열리나 싶어 기웃거리는디, 사람덜 인심이 왜 그 모양인지 통 비켜 주덜 않더구먼. 그래서 이 엄지손가락으로 사람덜을 툭 건드렸더니만……아, 글씨, 매가리없이 와르르 쓰러지지 뭐여. 담벼락에 딱 붙어 있던 늙은이 하나만 빼구 말여.

"노인장, 좋은 말루 헐 때 싸게 비켜유."

몸도 비쩍 마른 늙은이가 어찌나 고집이 센지, 꼼짝도 안 허는 겨.

"귀라도 먹었남? 여태 내가 누군지 모르나 본디……."

허는 수 없잖여. 그 늙은이를 들어서 옮겨야지. 그래서 허리를 감쌌는디…… 그 늙은이가 기분 나쁘게 히죽 웃지 뭐여.

"꺽쇠야, 이늠아! 니 애비여."

아, 글씨, 그 늙은이가 울 아부지일 줄이야! 워째서 아부지두 몰라보느냐구 허덜 말어. 허, 내가 눈이 좀 나빠서 그란 거지, 다른 이유는 없구먼.

"아부지! 왜 자식 앞길을 막는데유? 후딱후딱 비켜 줘유!"

아부지는 마뜩잖은지 느릿느릿 담벼락에서 비켜섰지. 담벼락에다 관아에서 떼허니 빙을 붙여 놓았더구먼.

"아부지, 웬 소를 그려 놓았대유?"

"소가 아니라 물소여."

"시방 까막눈이라고 지를 놀리는 거여유? 뿔만 좀 커다랗지, 영락없이 소구먼!"

"그러니께 소는 소인디…… 외국에서 물 건너온 소라는구먼."

"그런디 왜 물소라고 불러유? 물을 많이 먹는대유?"

"그건 나도 몰러. 바닷물 건너와서 물소인지, 물을 많이 먹어 물소인지……."

"아무튼 물소 그림을 왜 여기다 붙여 놨대유?"

"그게 말이여……."

아부지도 참…… 뭔 뜸을 그렇게 들이는지…….

"아, 후딱후딱 말해 봐유!"

"관아에서 소 없는 농사꾼덜헌티 이 물소를 나눠 준다는디……."

"관아에서 물소를 공짜로 준단 말이에유? 아니, 그걸 왜 인제 말헌데유!"

화가 머리끝꺼정 치솟더구먼. 그래서 버럭 소리를 질렀는디두 아부지는 미안해하기는커녕 "우리 집에는 니가 씨름판서 타 온 황소도 있잖여."라고 태평한 소리만 허지 뭐여.

"그 소야 팔어 치우문 되지 걱정도 팔자구먼유. 아부지, 지는유 공짜라문 마름쇠(끝이 송곳처럼 뾰족한 서너 개의 발을 가진 쇠못)라도 삼킬 거구먼유."

나는 그길로 관아로 내달렸구먼. 바늘 가는 데 실 가구 바람 가는 데 구름 간다구, 아부지두 냉큼 나를 쫓아오더구먼.

관아에는 사람덜이 겁나게 많았지. 그래서 이방 나리가 사람덜헌티 제비뽑기를 시켰는디 나는 제비를 뽑을 필요두 없었구먼. 내가 눈을 부릅뜨기만 허문 사람덜이 알아서 뽑힌 제비를 갖다 줬으니께.

제비뽑기가 끝나니께, 이방 나리가 뽑힌 사람덜을 죄다 모아 놓구 늘어지게 잔소리를 혔지.

"중국의 강남 지방에서는 물소로 논을 간다고 들었다. 힘이 좋아 하루에 일한 것이 보통 소가 두어 날 일한 것보다 갑절이나 많다고 하니, 잘 길러서 농사에 쓰도록 해라."

그런 다음엔 우리덜을 목장으루 데꾸 갔지. 아, 물소란 짐승이 아주 떼로 몰려 있는디, 그걸 보자마자 아부지는 소처럼 눈이 휘둥그레지드 라니께.

"시상에! 참말 소가 맞기는 헌 거여? 꼭 먹물 통에 빠졌다 나온 것 처럼 꺼멓구먼."

참말 물소덜은 머리끝버텀 발끝꺼정 온통 시꺼멨더구먼. 덩치는 큰 황소만 허구 눈도 소처럼 커다랬는디, 순해 보이기는커녕 되려 다부 져 보이더라구.

"난 쩌어기 제일 큰 늠으로 데려갈 겨. 그러니께 저늠은 아무도 건

천방지축 물소 길들이기 49

드리지 말어."

내가 점찍은 물소는 뒤로 젖혀진 뿔이 유난히 기다랗구 뾰죽혔어. 꼭 머리에 큼지먹헌 활을 이고 있는 것맨치 무시무시허더구먼. 허지만 나는 소매를 걷어붙이구는 울타리를 풀쩍 뛰어넘었지. 뒤에서 아부지랑 이방 나리가 걱정을 허더라구.

"껙쇠야, 조심혀. 저 뿔에 받히문 호랑이도 죽겄다."

"저, 저, 성질하고는……. 목숨 부지하려면 조심해야 하느니라!"

"까짓 게 그려 봤자 소지, 별건감유?"

나는 물소 목에 묶인 밧줄을 막무가내루 잡아끌었구먼. 씨름판에서 얻은 황소를 집으로 델꾸 갔던 것처럼 말여. 물소도 첨엔 버티더니만 금세 순순히 따라오더라구. 마을 사람덜이 죄다 부러운 눈초리로 우리 부자를 바라봤지. 그런디 이방 나리는 끝꺼정 잔소리를 하는 거여.

"껙쇠야, 물소가 유난히 추위를 많이 타니 각별히 보살펴야 하느니라. 명심해라!"

집에 오자마자 아부지는 부리나케 외양간버텀 짚으루 둘러싸는 겨. 그뿐이문 내가 말두 안 혀. 물소 등허리에다 짚으로 짠 덕석(추울 때 소의 등을 덮어 주는 멍석)꺼정 떡허니 덮어 주는 게 아니겄어. 그걸루두 부족혔는지, 새벽닭이 울문 어김없이 일어나 눈곱 떼 가며 물소에게 멕일 죽을 쑤었구먼. 아이고, 말도 말어. 나도 아부지 등쌀에 하루가 멀다 허구 장작을 팼대니께.

"아부지, 소가 아니라 딸자식을 하나 데려다 키우는 것 같구먼유."

"인제 안 겨? 대뿔이 야는 니 동상이니께 앞으로는 한식구 대허듯 혀야 쓴다."

아부지 덕에 대뿔이는 겨우내 잘 먹어서 제법 살이 올랐구먼. 그런디 날이 풀리니께 몸이 근질근질헌지, 아, 그늠이 자꾸만 외양간 기둥을 뿔로 들이받는 거여. 그럴 때마다 아부지는 불안해 헸지.

"꺽쇠야, 대뿔이를 길들일라문 후딱 코뚜레를 뚫어야 쓰것다. 그런디 저렇게 기운이 펄펄 넘쳐 나서 코를 워치게 뚫는다냐."

"아부지, 걱정 붙들어 매셔유. 아부지헌티는 천하장사 아들 꺽쇠가 있는디 먼 걱정이래유!"

대뿔이는 나를 닮았는지 힘이 장사였구먼. 코를 뚫으려니께 이리저리 몸부림을 치문서 겁나게 생난리를 피우는디……. 휴! 우당탕탕 집 무너지는 소리에 옆집, 뒷집, 건넛집 사람덜꺼정 죄다 뛰어나와 구경을 혔다니께.

"내뿔이 니늠 따위힌디 십게 꺾인다문 내가 천하장사 꺽쇠가 아니지, 암만!"

내 말이 끝나기가 무섭게 대뿔이는 괴성을 지르문서 외양간 문을 박차고 뛰쳐나와서는 미친 딕기 날뛰며 나를 뿔로 받으려 혔지. 나는 정신없이 대뿔이를 피해 댕기다가 그늠 뿔에 걸려 바지가 훌러덩 벗겨지구 말았당께.

"어이쿠, 이게 뭔 일이여."

동네 아낙덜은 민망혔는지 고개를 부리나케 돌리더구먼. 남정네덜은 그려도 웃으문서 나를 응원혔지.

나는 얼떨결에 외양간으로 뛰어들었구먼. 그렸더니만 대뿔이가 씩씩거리며 달려와 외양간 문짝을 쿵쿵 들이받는 거여. 그날 소동은 대뿔이가 지쳐 쓰러질 때꺼정 결판이 나질 않았다니께.

며칠 지나서, 나는 마을 사람덜을 죄 불러 모았구먼.

"오늘 대뿔이를 데리고 밭을 갈까 허네유."

아부지와 마을 사람덜은 겁을 집어먹구서는 멀찌감치 떨어진 밭둑에 서서 지켜보겠다고 혔지. 나는 보란 듯이 쟁기에 대뿔이를 잡아매구는 큰 소리로 "이랴! 이랴!" 외쳤구먼. 헌디 대뿔이 이 녀석이 들은 척도 않고 되새김질만 허는 거여. 나는 쓴웃음을 지으며 사람덜헌티 말혔지.

"아, 이늠이 꼴에 물 건너 외국서 왔다구 우리말을 당최 못 알아듣네유."

나는 한 손으로 쟁기와 고삐를 붙들고, 다른 손으로 대뿔이헌티 채

찜질을 혔어. 그렸더니 글씨…… 대뿔이가 뜨거운 콧김을 내뿜으문서 마구 내달리려는 거여. 그렇다구 한낱 물소헌티 지문 내가 꺽쇠가 아니지. 나는 쟁기와 고삐를 거머쥔 손에 바짝 힘을 주구는 마음을 단단히 먹었어. 쟁기가 무거웠는지 대뿔이가 제대로 못 달리더구먼. 이리 비틀 저리 비틀…… 용을 쓰다가 쓰러지듯 멈춰 서 부렸지 뭐여.

"주인 말 안 듣는 짐승헌티는 매질이 약인 겨……."

그러고는 다시 채찍으로 엉덩이를 쩍쩍 소리 나게 후려쳤더니만 대뿔이 이놈이 엉덩이에 뿔난 송아지처럼 천방지축으로 날뛰잖여. 땅에 박혀 있던 쟁기는 튕겨 나가고, 고삐를 쥐고 있던 나는 대뿔이헌티 질질 끌려 댕기다가 결국 밭고랑에 처박히는 신세가 되었구먼.

"아부지, 대뿔이 길들이기 전에 지가 먼저 죽겠네유."

그날 대뿔이랑 한바탕 씨름을 헌 뒤로 몇 달을 몸져누워 있었구먼. 아부지는 소도 없이 혼자 밭을 갈구 온갖 농사일을 허느라 허리 펼 새가 없었지. 그런디도 날이 너무 가물다 보니 입에 풀칠허기도 어려웠다니께.

찬바람이 불 무렵에야 나는 자리를 털고 일어나 아부지헌티 큰절을 올렸지. 아부지는 기뻐서 눈물을 마냥 흘리더구먼.

"아부지, 누워 지내는 내내 고민혔는디유, 대뿔이를 시집보내는 게 어떨까유?"

"우리 집에 물소는 대뿔이 한 마리로 족혀. 새끼꺼정 볼 생각은 눈곱맨치두 없구먼."

"물소도 소잖유. 순한 황소랑 짝을 지어 주문 애비 닮은 송아지를 낳지 않을까 싶어서유. 옛말에두 씨도둑은 못헌다구 그러잖어유."

내 말에 아부지가 여기저기 수소문을 혀서 마을에서 제일 순허구 잘생긴 황소를 소개받았지. 헌디 신랑 될 황소는 우리 대뿔이를 보자마자 뒷걸음질 치구, 우리 대뿔이는 황소 뒤를 죽어라 쫓으며 계속 싸움을 걸구…… 아유, 말도 말어. 결국 황소랑 물소가 뿔을 맞대고 대판 싸웠구먼. 황소 주인은 워쩌다 자기 소가 다치기라두 헐까 봐 안절부절못허고, 아부지랑 나는 손이 발이 되도록 빌었다니께. 온 마을에 소문이 짜허게 나서 신랑감 찾기는 영영 글러 버린 겨. 그 뒤로 다른 황소 주인덜도 이 핑계 저 핑계를 대문서 아부지랑 나를 슬슬 피해 댕기더라니께.

"아부지, 이제 대뿔이 시집보내는 일은 완전히 물 건너 갔시유."

"그러게나 말여. 이제 워쩌문 좋겄냐? 젖을 주는 것두, 알을 주는 것두 아니구, 그렇다고 잡아먹을 수 있기를 허나……. 대뿔이 이눔은 당최 아무짝에도 쓸모가 없구먼."

아부지 말을 듣다 보니께 머리에 퍼뜩 어떤 생각이 떠오르는 겨. 그려서 아부지헌티 귀엣말로 조심스럽게 속삭였구먼. 헌디 아부지는 내 말을 듣자마자 펄펄 뛰는 거여.

"아, 아서! 말도 안 되는구먼. 그랴도 한식구인디 그럴 수는 없……."

"아부지, 지가 알아서 헐 테니, 지발 지 말 좀 들어유. 사람부터 살고 봐야지유."

그렇게 밤을 꼴딱 지새우구 오늘 아침 해가 밝었는디, 아, 글씨 대뿔이 그늠도 눈치가 이상혔는지 죽을 먹는 둥 마는 둥 허는 거여. 아부지는 또 아부지대로 그간 대뿔이헌티 정이 들었는지 외양간 근처를 한시도 떠나지 않더구먼.

"아부지, 후딱 외양간 문 앞에서 비켜유. 우리 서이 다 굶어 죽어도 좋아유?"

나는 도끼를 든 채 아부지에게 다가갔지.

"안 비키문 외양간이구 뭐구 싹 다 부숴 번질 거구먼유."

아부지는 한참을 주저주저허다가 눈물을 훔치며 외양간 문을 열었구먼. 그런디 그 순간 대뿔이가 줄을 끊구 쏜살겉이 도망을 치지 뭐여. 죽을힘을 다해 그늠 뒤꽁무니를 쫓다가 시방 요 모양 요 꼬라지구먼.

이야기를 모두 듣고 난 선비가 꺽쇠에게 물었어.

"그렇게 물소를 미워했으면서 아까는 왜 그리 슬피 울었느냐?"

꺽쇠는 다시금 눈시울을 붉혔어. 금방이라도 눈물방울이 뚝뚝 떨어질 것만 같았지. 선비는 슬며시 꺽쇠의 손을 잡아 주었어.

"처음엔 대뿔이가 강에 빠져 죽은 줄로만 알았구먼. 징글징글허게 싸우문서도 그동안 정이 많이 든 모양인지 막상 죽었다구 생각허니께 눈물이 쏟아지지 뭐여."

"그렇다면 왜 또 웃었느냐?"

"죽은 줄로만 알았는디…… 아, 글씨, 대뿔이 저늠이 갑자기 헤엄을 치지 뭐여. 하도 기가 막혀서 웃었구먼."

꺽쇠는 그렇게 말하면서 강을 바라보았어. 선비도 꺽쇠를 따라 강물 속의 물소를 바라보았지. 물소는 여태껏 멱(냇물이나 강물 또는 바닷물에 들어가 몸을 담그고 씻거나 노는 일)을 감는지 강물 위로 솟았다 사라졌다 분주했어.

"정말 물 만난 고기가 따로 없구나."

"그러게 말여. 인제 보니 물에서 노는 걸 좋아혀서 물소인가 벼."

꺽쇠는 그제야 깨달았다는 듯 무릎을 치며 말했어. 선비는 그런 꺽쇠를 바라보며 빙그레 웃었지.

"그런디 나리는 어디서 오신 양반인디, 지 얘기를 이렇게 다 들어 주신데유?"

"왜 갑자기 공손하게 구는 게냐?"

"나리는 진짜 선비 같아서유."

"그걸 이제야 알아보았느냐?"

선비는 흐뭇했는지 껄껄 웃었어.

"나리, 왜 나라에서는 아무짝에두 쓸모없는 물소를 우리덜헌티 나눠 줬을까유?"

이렇게 묻는 꺽쇠의 표정이 사뭇 진지했어.

선비는 생각에 잠겼지. 어떻게 설명을 해야 꺽쇠의 아픈 마음에 위로가 될까, 어디서부터 어디까지 설명을 해야 꺽쇠의 궁금증이 조금이나마 풀릴까? 뭐, 이런저런 생각들이 스쳐 갔을 테지.

"아까 네가 물소의 뿔이 활처럼 보였다고 얘기했던 거 기억하느냐? 사실 물소 뿔은 활을 만드는 데 쓰이는 아주 귀한 재료란다. 물소가 우리나라에 처음 들어온 건 지금으로부터 50여 년 전 세조 임금 때였느니라. 유구국에서 물소 한 쌍을 선물로 보내와서 키우기 시작했지. 그 물소들이 새끼를 치자 여러 고을 관아에 나누어 기르게 했는데, 성종 임금 때는 그 수가 일흔 마리쯤으로 불어났다는구나. 하지만 물소 길들이기가 생각만큼 쉽지 않았느니라."

"그렇지유. 지는 그 마음 백번 이해허는구먼유."

"또 물소 여물을 대느라 백성들도 힘들었지. 그래서 마지막으로 택한 방법이…… 농사에 쓰게끔 백성들에게 물소를 나눠 주는 거였느니

라. 그런데 네 얘길 듣고 보니 그 방법 역시 도움이 되지는 않는 것 같구나. 앞으로 어찌하면 좋을지 참으로 걱정이로구나."

선비는 근심이 그득한 얼굴로 물소를 바라보았지. 하지만 꺽쇠의 눈빛은 조금도 흔들리지 않았어.

"어떡하긴유. 저늠의 짐승, 이제 꼴도 보기 싫구먼유. 당장 관아로 끌구 가야쥬."

며칠 뒤, 고을 관아 앞이 웬일로 어수선했어. 방망이를 든 역졸들은 마을이 떠나가라 외치며 길을 텄지.

"암행어사 출두야!"

그런데 마패를 앞세우며 관아로 성큼성큼 들어선 암행어사가 누구였는지 알아? 바로 꺽쇠와 이야기를 나누었던 선비였어! 사실 선비는 고을 수령의 행실과 백성의 억울한 사정을 살피라고 왕이 보낸 암행어사였던 거야.

암행어사는 먼저 억울하게 옥에 갇힌 고을 사람들을 풀어 주었지. 그리고 흉년이 들어 굶주림에 시달리던 고을 사람들에게 곡식을 나누어 주었어. 하지만 암행어사도 물소 문제만큼은 혼자 해결할 수가 없었단다.

시간이 흘러 암행어사는 한성으로 돌아갔어. 그길로 궁으로 간 암행어사는 그동안 보고 들은 일들과 고을 수령의 행적을 상세하게 적은 글을 왕에게 올리고 나서 물소 때문에 어려움을 겪고 있는 백성들에 관해 아뢰었지.

"넉넉지 않은 살림에 물소 여물 대기도 버거울뿐더러 무엇보다 물소란 짐승이 워낙 거칠어 길들이기가 여간 어려운 게 아니었사옵니다."

하지만 왕도 신하들도 뾰족한 방법을 내놓지 못했어. 결국 물소들은 하나 둘 외딴섬에 버려지게 되었고, 사람들 기억 속에서도 쓸쓸히 사라져 갔단다.

물소가 살기에 조선은 추웠을 거야. 하긴 따뜻한 늪지나 강가에서 살던 물소에게 살을 에는 듯한 겨울 추위는 견디기 힘들었을 테지. 더구나 사람들의 차가운 시선 속에서 물소들은 눈칫밥 먹기도 고달팠을 거야. 어쩌면 그 물소는 외딴섬에 버려지고서 한결 행복했을지도 모르겠네. 사는 동안만이라도 마음껏 풀을 뜯으며 평화롭게 노닐 수 있었을 테니까.

세종이 물소를 수입하려고 한 진짜 이유는?

"물소는 힘도 세고 밭을 가는 데에도 사용할 수 있다 하니, 짐이 중국 황제에게 청하여 우리나라로 들여오고자 한다. 다만 우리나라는 중국의 남쪽 지방과는 기후가 같지 않아서 물소가 우리나라에서 번식을 못할까 걱정스럽구나."

– '세종실록' 세종 14년(1432년) 2월 13일

*세종실록
조선 세종(재위 1418~1450년) 때의 역사를 연대순으로 기록한 책. 본디 제목은 '세종장헌대왕실록'이다.

　일찍이 세종은 명나라에서 물소를 들여오고 싶어 했어. 중국 양쯔 강 남쪽 지방에서는 물소가 흔한 가축이었거든. 보통 물소는 아열대 지방이나 열대 지방에 사는 짐승이야. 물소는 발굽 부분의 관절이 잘 움직여서 진흙 속에서도 빠르게 걸을 수 있단다. 그래서 물이 괴어 있는 논을 가는 일을 주로 시켰어. 물론 조선에도 일 잘하고 기운 센 토종 황소가 있었지. 그런데 굳이 물소를 수입하려고 했던 건 바로 물소의 기다란 뿔 때문이었어.

　조선에서 자랑할 만한 무기로 각궁이란 게 있었거든. 각궁은 물소 뿔로 만든 활이야. 1488년 조선에 왔던 명나라 사신 동월이 "조선의 각궁은 중국의 활보다 크기가 작으면서도 화살이 날아가는 힘은 십히 강하다."라고 감탄할 정도로 조선의 각궁은 그 성능이 뛰어났어. 당시에는 적과 100걸음쯤 거리를 두고 싸움을 벌였는데, 각궁은 200걸음 떨어진 곳에서 쏘아도 적중할 정도였거든. 먼 곳에서 정확하게 목표물을 맞힌다니, 중국에서 경계할 만도 했지.

그래서 세종이 물소를 수입했느냐고? 아니! 세종의 뜻을 전하기 전에 명나라 황제가 소 1만 마리를 팔라는 어마어마한 요구를 해 왔어. 세종은 고민에 빠졌지. 소는 농사를 짓는 데 없어서는 안 될 소중한 가축인데 1만 마리씩이나 팔라니! 하지만 결국 그 요구를 받아들이기로 했고, 어마어마한 숫자의 소를 마련하느라 바빠서 물소 수입은 자연히 뒤로 미루어졌어.

물소 뿔

그 뒤로도 오랜 기간 조선은 물소 뿔을 얻으려는 노력을 멈추지 않았어. 그러나 명나라는 외국으로 수출하는 물소 뿔의 양을 엄격하게 제한했지. 조선에서는 물소 뿔이 꼭 필요한데 정작 중국은 수출에 제한을 두었으니 얼마나 답답한 노릇이었겠어? 그래서 성종 때에는 중국에서 물소 뿔을 몰래 들여오기도 했다. 하지만 그렇게 몰래 하는 일이 어디 편했겠어? 나라와 나라 사이에 커다란 마찰을 빚을 수도 있는 일이었기에 늘 전전긍긍할 수밖에 없었겠지.

물소 뿔로 만든 각궁은 최고급 명품!

각궁은 '뿔 각(角)', '활 궁(弓)'이라는 한자로 이루어진 낱말이야. 그러니까 '짐승 뿔로 만든 활'이라는 뜻이지. 보통 각궁은 나무로 만든 궁체에 뿔을 덧대 만들기 때문에 나무로 만든 단순한 활보다

*궁체
단단한 나무 또는 쇠를 휘어서 반달 모양으로 만든 활의 기본 몸통.

물소 뿔
위쪽 사진은 물소 뿔을 활에 붙일 수 있게 다듬은 것. 아래쪽 사진은 물소 뿔을 활에 붙이기 위해 묽어 부레풀을 엷게 여러 번 덧칠한 것이다.

대나무
활의 몸체에서 물소 뿔과 소 힘줄의 가운데 놓여 중심을 잡아 준다.

민어 부레풀
민어 부레를 끓여 풀을 쑤어 만든 것. 이 사진은 민어 부레풀이 굳어서 고체 상태로 변한 것이다.

소 힘줄
소 힘줄은 대나무의 안쪽에 붙여 활을 유연하고 신축성 있게 만든다. 위쪽 사진은 소 힘줄이고, 아래쪽 사진은 소 힘줄에 풀을 먹인 것이다.

성능이 한 단계 뛰어났어. 우리나라는 삼국 시대부터 짐승의 뿔로 활을 만들었지. 그러다 고려 시대부터 물소 뿔로 각궁을 만들기 시작했단다.

　보통 각궁 하나를 만드는 데 들어가는 재료는 물소 뿔 한 쌍, 대나무, 소 힘줄, 민어 부레로 만든 풀 등이야. 물론 이 가운데 가장 중요한 재료는 물소 뿔이지. 물소 뿔은 활의 생명인 탄력을 높여 주고, 특히 활시위가 끊어지거나 빠지더라도 활이 부러지지 않게 해 주었거든. 완성된 각궁의 길이는 120~130센티미터로, 보통 활보다 짧은 편이고 모양도 심하게 구부러져 있지. 길이가 짧아도 탄성이 뛰어나서 말을 타고 쏘기에 알맞았어.

중국에서 수출을 제한하면서 물소 뿔을 구하기 어렵게 되자, 조선에서는 황소 뿔로 각궁을 만들기도 했어. 특히 황해도 황소 뿔이 크고 튼튼해서 많이 사용했지. 평균치가 20~25센티미터이고 큰 것은 35~40센티미터였는데, 그래도 물소 뿔에 비하면 크기가 많이 작아서 뿔을 셋은 이어야 활을 만들 수 있었어. 그러다 보니 물소 뿔보다 성능이 크게 떨어졌지. 또 함경도에서는 사슴뿔로도 활을 만들어 썼다고 해.

각궁에도 약점은 있었어. 접착제로 쓰이는 민어 부레풀이 습기에 약해서 여름에는 활이 잘 풀어졌거든. 이런 각궁의 특성은 우리 역사에도 영향을 주었단다. 고려 말, 요동 정벌에 나섰던 이성계가 위화도에서 군사를 돌린 네 가지 이유 가운데 하나가 '장마철이라 갖풀이 녹아 활을 쏠 수가 없다.'는 것이었으니까.

일본처럼 더운 섬나라에서는 더했겠지. 날씨 탓에 각궁을 사용할 수 없던 일본은 궁체가 덜 휜 곧고 긴 활을 만들었어. 크기가 작은 활로는 멀리 쏘기가 어려우니까 길게 만들었던 거야. 일본인들은 수도 대나무로 만든 활을 가지고 다녔단다. 그런데 그 길이가 220센티미터 정도로, 보통 어른의 키보다도 훨씬 길었지. 하지만 이렇게 기다란 대나무 활은 조선의 각궁에 비하면 탄성이 크게 떨어졌다고 해.

*갖풀
짐승의 가죽, 힘줄, 뼈 따위를 진하게 고아서 굳힌 끈끈한 것. 풀로도 쓰고 피를 멎게 하는 약으로도 쓴다.

● 각궁은 어떻게 만들까?

1. 물소 뿔과 소 힘줄을 붙이기 전에 대나무를 판판하게 다듬는다.

2. 다듬어 놓은 대나무에 민어 부레풀을 먹인 물소 뿔을 붙인다. 사진에서 까맣게 보이는 부분이 물소 뿔이다.

3. 물소 뿔을 붙여 놓은 반대쪽 면에 소 힘줄을 붙인다. 보통 네 겹에서 일곱 겹을 붙인다. 한 겹 붙일 때마다 일주일 이상을 완전히 말려야 한다.

4. 활의 탄력을 위해 습기가 적은 곳에서 한 달 정도를 보관한다. 장식을 하고 활시위를 달면 각궁이 완성된다.

물소는 쓰임새도 다양해!

베트남, 필리핀, 인도 같은 동남아시아의 시골에 가면, 요즘도 물소로 논을 가는 풍경을 볼 수 있어. 또 무거운 짐을 실어 나르는 물소를 만나기도 한단다. 물소는 여전히 농사를 돕는 소중한 가축이자 중요한 재산인 거지.

물소는 운동선수로도 활약하고 있단다. 타이에서는 해마다 벼의 추수를 축하하며 물소 경주 대회를 열고 있어. 사람이 물소 등에 올라타고 달리는 경기인데, 옛날 농부들이 벼를 거두기 전에 즐기던 행사에서 유래한 거래. 또 중국에서는 물소 싸움이 아직도 인기를 끌고 있다네.

어디 그뿐인가. 물소 뿔은 가루를 내거나 얇게 썰어 한약재로도 쓴다고 해. 성질이 차서 해열제나 해독제 등으로 쓴대. 또 도장, 지압기, 머리빗, 단추, 목걸이 따위의 장신구를 만들기도 하지. 물소 가죽으로는 가방이나 신발, 옷, 소파 같은 물건을 만들 수 있고 말이야.

물소 경주
타이의 촌부리라는 지역에서
물소를 타고 경주하는 모습.

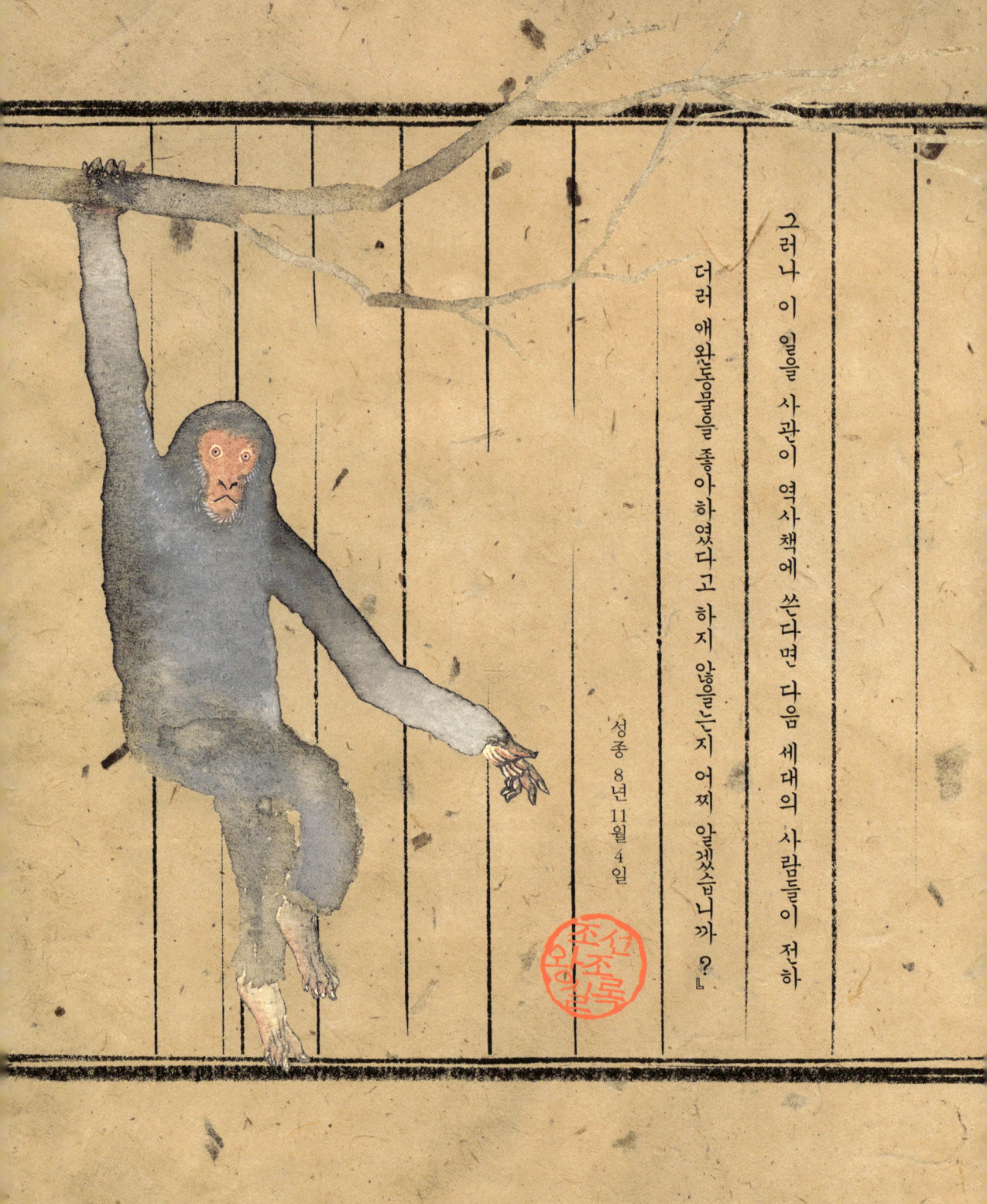

그러나 이 일을 사관이 역사책에 쓴다면 다음 세대의 사람들이 전하 더러 애완동물들을 좋아하였다고 하지 않을는지 어찌 알겠습니까?』

성종 8년 11월 4일

왕이 사랑한 동물, 잔나비

손비장이 아뢰기를,

『어제 사복시에서 흙집을 지어서 원숭이를 기르자고 청하였고 또 옷을 주어서 입히자고 청하였는데, 신의 생각으로는 원숭이는 곧 상서롭지 못한 짐승이니, 사람의 옷을 상서롭지 못한 짐승에게 입힐 수는 없습니다. 더구나 한 벌의 옷이라면 한 사람의 백성이 추위에 얼지 않도록 할 수 있습니다. 신은 진실로 전하께서 애완동물들을 좋아하시지 않는 줄로 알고 있습니다.

1477년 음력 11월 4일의 일이야.

"좌부승지(지금의 대통령 비서관쯤 되는, 조선 시대에 중추원이나 승정원에 속한 정3품 벼슬), 저 눈 좀 한번 보시오. 구슬처럼 동그란 게 아주 큼직하구려."

"예판(지금으로 치면 외교통상부와 문화체육관광부의 장관쯤 되는 조선 시대 으뜸 벼슬. '예조 판서'의 줄임말) 대감, 눈이 크다고 다 예쁜 건 아니지 않습니까. 눈이 퀭하게 꺼져서 오히려 음산해 보일 뿐입니다."

좌부승지 손비장('세조실록과 '예종실록'을 편찬한 조선 전기의 문신)의 얼굴에 못마땅한 기색이 역력했어. 눈치가 없는 건지 부러 그러는 건지, 아까부터 예판 대감이 계속 심기를 불편하게 만들지 뭐야.

"콧구멍은 작아서 앙증맞고, 또……."

예판 대감은 입에 침이 마르도록 끝없이 칭찬을 이어 갔어. 물론 손비장도 지지 않고 맞대꾸를 했지만.

"저게 코입니까, 그냥 숨 쉬는 구멍이지요."

"어이구, 하품하는 저 입 좀 보시게나. 참으로 귀엽지 않소?"

"저런! 입이 함지박만 한 데다 이빨도 촘촘히 많이 나서 밥깨나 축내겠습니다."

이렇게 주거니 받거니 입씨름을 벌이는 동안, 조 대감은 옆에 쪼그려 앉아 입이 찢어져라 연이어 하품을 하고 있었어. 하지만 두 사람은 조 대감이 있다는 사실도 잊은 듯했지.

"잠시도 가만히 있지를 못하고 까불거리는 걸 보니 마치 개구쟁이 같구려."

"제 눈에는 죽을 날 받아 놓은 상늙은이처럼 보입니다."

그때 갑자기 예판 대감이 애써 웃음을 참으며 손비장의 옆구리를 쿡쿡 찔렀어.

"좌부승지의 말을 듣다 보니 누굴 닮았는지 떠올랐소."

"또 뭘 보고 그러시는 겝니까. 누런 털이 복슬복슬한 게 저희 집에서 키우는 개랑 닮은 것도 같습니다만……."

"이목구비를 찬찬히 잘 뜯어보시오. 발그레한 얼굴이 꼭 약주 한잔 걸친 조 대감 같지 않소?"

"예판 대감! 어찌 그토록 경망스러운 말씀을……. 저런 털북숭이 짐승을 사람과 비교하시다니요!"

"저 녀석에게 옷을 입히고 갓을 씌운다면, 아마 전하께서도 몰라보실 게요."

예판 대감은 비어져 나오는 웃음을 억지로 참느라 쿡쿡거렸어. 하지만 손비장은 조 대감이 언짢아할까 봐 안절부절못했지.

"조 대감, 예판 대감 말씀이 좀 짓궂으셨습니다. 동해보다 넓으신 아량으로 너그럽게 헤아려 주시지요."

손비장은 마치 자기가 잘못을 저지르기라도 한 것처럼 머리 숙여

정중하게 사과했어. 그런데 웬일인지 조 대감은 고개를 숙인 채로 묵묵부답이었지.

'마음이 많이 상하신 게로구나. 이제 이를 어쩐다…….'

손비장은 조 대감 눈치를 살피느라 쩔쩔맸어.

이를 지켜보던 예판 대감은 웃음을 참다못해 벌게진 얼굴로 간신히 말했단다.

"조 대감은 지금…… 졸고 있는 거요."

손비장은 무안했는지 얼굴을 붉혔어. 예판 대감은 손비장에게 한쪽 눈을 찡긋하며 말했지.

"조 대감이 조는 게 어디 하루 이틀 일이오? 주상 전하 앞에서도 코를 고는 간 크신 양반인데……."

"추운 데서 주무시다 고뿔이라도 걸리면 어쩌시려고……. 깨워야겠습니다."

"놔두시오. 졸다 깨서 공연히 쓸데없는 말이나 늘어놓으면 일에 방해만 될 테니 말이오."

"그런데 예판 대감께서는 이곳까지 어인 일이십니까? 사복시는 저희 병조에서 맡고 있지 않습니까."

"나도 이곳에 볼일이 있어 왔소. 더구나 저 짐승은 일본에서 보내 온 선물이니, 본디 우리 예조 소관이 아니겠소."

그때 마구간에서 일하는 노비가 빗자루를 들고서 어슬렁어슬렁 나타났어. 기다렸다는 듯이 싱글벙글거리면서 말이야.

"아이고, 대감님들! 어찌 마구간 앞에서 이러고들 계십니까? 혹시 우리 촐랑이한테 새로운 집과 옷을 장만해 주려고 오신 건가요?"

"촐랑이? 그 녀석은 또 어떤 녀석인고?"

손비장이 고개를 갸웃거리며 물었지.

"지금 대감님들께서 보고 계신 이 짐승이 촐랑이입죠. 하도 촐랑거리면서 싸돌아다니길 좋아해 이름을 그렇게 지었습니다요."

노비는 마구간 앞에 개처럼 묶어 놓은 잔나비를 가리켰어. 잔나비는 아직 녹지 않은 눈밭에 오도카니 앉아 있었지. 새하얀 눈 위에 있으니 잔나비의 붉은 얼굴과 엉덩이가 한층 도드라져 보였어.

"안 그래도 그 일 때문에 왔느니라. 이 잔나비에게 흙집과 새 옷을 지어 주자는 건 누가 올린 청이더냐?"

손비장은 죄인을 심문하듯 따져 물었어. 노비는 이리저리 눈치를 살피며 어쩔 줄 몰라 했지.

"아는 대로 사실을 고해야 할 것이야. 누가 시킨 일이더냐?"

그러자 노비는 에라 모르겠다 하는 심정으로 털어놓기 시작했어.

"그게, 그러니까…… 쇤네가 어제 아침에 첫눈이 내려서 기분이 퍽 좋았습죠. 신이 나서 마구간 청소를 하고 있는데, 갑자기 껄껄 웃는 소리가 들려왔습니다요. 무슨 일인가 싶어 밖으로 나가 봤는데, 아, 글쎄…… 그게……."

"네 얘기 듣다가 성질 급한 사람은 숨넘어가겠구나. 좀 빨리빨리 얘기해 보아라."

손비장은 답답한 듯 가슴을 두드리며 다음 이야기를 재촉했어.

"감히 쉰네 입에는 올릴 수 없는 그분께서 아까 대감님들처럼 촐랑이를 보고 계셨습죠. 쉰네는 벌벌 떨며 냉큼 땅바닥에 엎드려 절을 올렸는데, 그분께서 이 녀석을 보니 생각나는 사람이 있어 오랜만에 실컷 웃었다고 하시면서 상으로 겨울옷을 내리겠다고 하셨습니다요."

예판 대감은 아까처럼 쿡쿡거리며 손비장의 옆구리를 쿡쿡 찔렀어. 손비장은 난처한 듯 억지웃음을 지었지.

"그래서 쉰네가 감히 아뢰었습죠. 촐랑이 녀석 때문에 말들이 잠을 설치니, 겨울옷보다는 따로 살 집이 있었으면 좋겠다고 말입니다요. 그랬더니 옷은 꼭 내려 주고 싶다고 하시면서 두 가지 모두를 당장 병조에 올리라고 하셨습니다요."

"일이 그렇게 된 거였군. 어쩐지 미심쩍더니만……."

손비장은 잔뜩 걱정스러운 얼굴로 잔나비를 바라보았지. 그런데 조 대감이 어느새 깨어나 잔나비를 데리고 놀고 있는 거야. 불안해진 손비장은 예판 대감의 귀에 대고 속삭였어.

"조 대감께선 못 들으셨겠죠?"

"여태껏 졸다가 방금 깨어났으니 염려 안 해도 될 거요."

"그런데 조 대감께선 무슨 일로 여기에 오신 겝니까?"

"낸들 알겠소. 그나저나 저 둘이 참 잘 어울리지 않소, 허허."

그날 저녁, 성종(1457~1494년: 조선의 제9대 왕. 조선 전기의 문물 제도를 거의 완성했으며, '경국대전'을 반포함)은 여느 날과 마찬가지로 신하들과 중요한 나랏일들을 의논하고 있었어. 회의가 끝나 갈 무렵, 손비장은 잠시 머뭇거리다가 마침내 말을 꺼냈지.

"전하, 어제 병조에 이상야릇한 청이 올라왔사옵니다."

"어서 말해 보시오."

성종은 기다리고 있었다는 듯이 환하게 미소를 지었어.

"아뢰옵기 황공하오나, 사복시에서 청하기를, 잔나비를 위해 흙집을 짓고, 또 옷을 주어서 입히자 하옵니다. 잔나비처럼 상서롭지 못한 짐승에게 감히 사람의 옷을 입히다니요. 전하, 이는 있을 수도 없고 있어서도 안 될 일인 줄로 아뢰옵니다."

"짐이 그리하라 일렀소."

성종의 말 한마디에 주위는 물을 끼얹은 듯 조용해졌지. 하지만 손 비장은 조금도 당황하지 않고 말을 이어 나갔어.

"전하, 잔나비에게 입힐 옷 한 벌이면 한 사람의 백성이 겨울을 따뜻하게 날 수 있사옵니다. 가난한 백성들은 구멍이 숭숭 뚫린 베옷 한 벌로 이 엄동설한을 견뎌야 하옵니다. 심지어 옷이라도 한번 빨라치

면 갈아입을 옷이 없어 옷이 마를 때까지 집 밖에 나가지도 못한다고 들었사옵니다. 변방을 지키는 군사들 또한……."

"좌부승지, 전하 앞에서 말씀이 지나치신 것 같소."

손비장의 말이 늘어지자 예판 대감이 얼른 말허리를 자르고 나섰어.

"그렇다면 추위에 떠는 잔나비를 전하께서 모른 척 지나치시는 게 옳다, 이 말씀이오? 사람의 목숨만큼, 짐승의 생명 또한 소중하다는

걸 왜 모르시오."

하지만 예판 대감의 호된 질책을 가만히 듣고만 있을 손비장이 아니었지. 주거니 받거니 두 사람은 다시금 입씨름을 벌이기 시작했어.

"예판 대감 말씀대로 짐승의 생명이 소중히다면, 왜 잔나비에게만 옷을 내리십니까? 말이나 개, 소 등 다른 짐승들도 추위를 타긴 매한가지일 터인데요."

"잔나비는 일본에서 바친 선물이오. 그러니 특별히 대우한다고 해서 이상할 것은 없소이다. 또 잔나비는 악귀나 나쁜 기운을 물리쳐 준다고 하지 않소?"

"선왕이신 세종 임금 시절, 잔나비가 있는 곳에서는 말이 병들지 않는다고 믿어 일부러 마구간에서 기르기도 했지요. 하지만 다 헛소문이라는 게 밝혀지지 않았습니까."

예판 대감과 좌부승지 손비장의 논쟁은 끝도 없이 이어질 것만 같았어. 보다 못한 성종이 "어험!" 하고 큰기침을 했지. 그제야 두 사람은 이야기를 멈추고 성종을 바라보았어.

"연어가 목숨을 걸고 거친 물살을 거슬러 오르는 것도, 철새들이 해마다 옛 둥지를 찾아오는 것도 다 자기가 나고 자란 고향을 잊지 못하기 때문이오. 고향을 떠나 홀로 이곳에 온 것도 불쌍한데, 추위에 얼어 죽게 할 수는 없지 않겠소."

예판 대감이 얼른 성종의 말을 거들고 나섰어.

"전하, 실은 오늘 낮에 사복시에 가서 잔나비를 보았사옵니다. 추위에 얼어서인지 얼굴과 엉덩이가 무척이나 빨갰사옵니다. 고향인 일본은 따뜻할 터인데, 참으로 처량한 일이 아닐 수 없사옵니다."

이에 질세라 손비장은 또다시 예판 대감의 말을 받아쳤지.

"전하, 잔나비의 얼굴은 한여름에도 빨갛다고 들었사옵니다. 그리고 얼굴과 엉덩이 말고는 털이 복슬복슬하지 않사옵니까. 신의 짧은 생각으로는 백두산에서 한라산까지 눈밭을 굴러도 끄떡없을 듯하옵니다."

손비장의 말이 재미났던 모양이야. 몇몇 신하가 왕 앞이라는 사실을 깜박하고서 웃음을 터뜨렸지.

성종의 얼굴은 점점 굳어만 갔어. 이 많은 신하 가운데 자기 뜻을 헤아려 주는 이가 예판 대감뿐이라니…….

"사복시에서 청한 것은 옷이 아니라 녹비('사슴 가죽'을 뜻하는 말)였소. 녹비를 입히는 것도 정녕 아니 되겠소?"

짜증 섞인 성종의 말에도 손비장은 물러날 기색을 보이지 않았어.

"전하, 녹비는 명나라에 보내는 조공(힘이 약한 나라가 강한 나라에게 때를 맞추어 예물을 바치던 일, 또는 그 예물)이며 또한 신들도 입어 보기 어려운 귀한 물건이온데, 어찌 한낱 잔나비 같은 짐승에게 입히려 하시옵니까? 천부당만부당하신 말씀이옵니다."

성종은 도움을 청하듯 예판 대감에게 눈길을 보냈어. 예판 대감은 잠시 생각을 가다듬은 뒤 손비장을 달래듯 차분차분 말을 건넸지.

"좌부승지, 실로 오랜만에 전하께서 크게 웃으셨다는 이야기를 들었소이다. 그게 다 잔나비 덕분 아니겠소. 그것만으로도 충분히 상을 내릴 만하다고 생각하오만."

하지만 손비장은 더욱 기세등등하게 맞섰지.

"예판 대감, 그래서 더욱 반대하는 것입니다. 전하, 신은 진실로 전하께서 애완동물을 좋아하시지 않는 줄로 아옵니다. 하지만 잔나비에게 옷을 입히고 집을 지어 주었다는 이야기가 궁 밖으로 퍼진다면 백성들은 그리 생각지 않을 것이옵니다. 그러니 전하, 신의 마음을 헤아려 주옵소서."

이 말엔 예판 대감도, 성종도 달리 대답할 말을 찾지 못했어. 한동안 침묵이 흘렀지.

손비장은 이왕 내친김에 이쯤에서 왕이 사복시의 청을 거두어들이기를 바랐어. 그래서 자기 생각을 거침없이 펼쳐 나갔지.

"그뿐 아니옵니다, 전하. 이러한 이야기를 사관이 역사책에 기록한다면 후세 사람들마저 전하께옵서 애완동물을 좋아한 나머지 옆에 두고자 하셨다고 생각할지 모르는 일이옵니다."

성종은 땅 꺼지게 한숨을 내쉬었어. 그러고는 신하들을 둘러보았지.

"모두들 같은 생각인 게요?"

신하들은 입을 꾹 다물고서 서로 눈치만 살폈단다.

"조 대감은 왜 가타부타 말이 없소?"

잠자코 있던 조 대감에게 불똥이 튀었어. 여태껏 조 대감은 다른 사람들이 말할 때마다 고개만 끄덕일 뿐 아무 의견도 내놓지 않았거든. 아니나 다를까, 이날도 어김없이 졸고 있었던 거야.

옆에 앉은 예판 대감이 조 대감의 옆구리를 쿡쿡 찌르며, "조 대감, 전하께서 부르십니다."라고 속삭였어.

'전하'라는 소리에 정신이 번쩍 든 조 대감은 "성은이 망극하옵니다!" 외치며 넙죽 절을 했어. 평소 같았으면 웃음바다가 되었을 텐데 이날은 조용하다 못해 찬바람마저 쌩쌩 불었지. 분위기가 예사롭지 않다고 느낀 조 대감은 슬그머니 몸을 일으켰어. 그러고는 성종의 눈치를 살폈지.

성종은 고개를 가로젓더니 쓸쓸한 표정으로 말했어.

"여봐라, 앞으로는 유구국이든 일본이든 그 어느 나라에서 잔나비를 바친다 해도 다시는 받지 말라. 말 못하는 짐승이 추운 나라에 와서 얼마나 고생이 많겠느냐. 얼어 죽게 만들 거면 애초에 받지 않는 것이 마땅할 터이다."

바로 그때였어. 갑자기 조 대감이 자리를 박차고 일어서는 거야.

"전하, 신이 만날 졸기만 하는 줄 아셨겠지만 사실은 그와 다르옵니다. 신은 날이면 날마다 어떻게 하면 전하께서 기뻐하실까 고민했사옵니다. 그래서 오늘 아침엔 잔나비를 보러 사복시에 들렀사옵니다."

조 대감은 무언가 단단히 마음먹은 듯 관모(예진에 벼슬아치들이 쓰던 모자)와 관복(벼슬아치들이 조정에 나아갈 때 입던 옷)을 차례차례 벗었어. 그러고는 손뼉을 치며 괴성을 질렀지. 이 기가 막힌 광경에 신하들은 너무

놀라 벌어진 입을 좀처럼 다물지 못했어. 하지만 조 대감은 아랑곳하지 않고 한술 더 떠서 이젠 네발로 기는 시늉까지 하는 거야.

신하들은 어찌할 바를 모르고 망연자실, 애만 태우고 있었지. 그때였어. 성종이 크게 껄껄 웃지 않겠어. 그제야 신하들도 불안한 마음을 조금 가라앉히고 왕을 따라 웃기 시작했단다.

의기양양해진 조 대감은 뻐기듯이 말했어.

"전하, 앞으로 신이 전하의 잔나비가 되어 기쁨을 드리겠사옵니다."

조 대감 덕분에 이날 회의는 웃음으로 막을 내렸단다. 잔나비에게 옷을 입히려던 성종은 결국 그 뜻을 거두어들였지. 아무리 왕이라 해도 신하들의 반대를 무조건 꺾을 수는 없는 노릇이니까. 또 왕은 만백성의 본보기가 되어야 하잖아. 그러니 체통도 지켜야 했지. 더군다나 역사에 길이 남는다는 말은 모든 왕이 두려워한 말이야. 그래서 성종도 좌부승지 손비장의 마음을 헤아려 자기 뜻을 굽히기로 했던 거지.

마구간에서 더부살이를 하던 잔나비는 집도 옷도 없이 그해 겨울을 무사히 났을까? 따뜻한 체온을 나눌 무리가 없으니 춥기도 하고 외롭기도 했을 테지. 그렇다고 걱정할 필요는 없어. 털갈이를 해서 겨울에는 털이 굵어진다니까. 그리고 사복시에는 말도 많고 사람도 많잖아.

고고한 선비들이 애완동물을 길렀다고?

　고작 원숭이 한 마리한테 옷을 내리고 집을 지어 준다는데, 신하들은 왜 그토록 반대를 했을까? 조선 시대 선비들은 물건을 수집하거나 애완동물을 기르는 취미에 빠져서는 안 된다고 생각했기 때문이야. 그런 것들을 지나치게 좋아하면 바른 뜻을 잃고 몸을 해친다고 믿었던 거지. 하지만 18세기 조선에는 새로운 바람이 불었어. 애완동물을 기르는 선비들이 하나 둘 생겨났거든. 선비들이 어떤 애완동물을 어떻게 길렀는지 궁금하지? 아래 글을 한번 읽어 보렴.

*이서구(1754~1825년)
한시의 4대가 가운데 한 사람으로, 조선 후기 문신이자 학자. 문집으로 《척재집》, 《강산초집》 등이 있다.

*녹앵무
초록 앵무새.

　이서구가 녹앵무를 얻었다. 지혜롭게 하려 해도 지혜로워지지 않고, 깨우친 듯하다가도 깨우치지 못했다. 새장 앞에서 울며 말했다. "네가 말하지 못하니 까마귀와 무에 다르랴? 네가 말을 하는데 알아듣지 못하는 것이라면 내가 속이라도 편하겠다." 그러자 갑자기 총명해지고 깨우쳤다. 이에 《녹앵무경》이라는 책을 짓고 내게 서문을 청하였다.
　　　　　　　　　　　－박지원이 쓴 〈녹앵무경 서〉 중에서

　앵무새를 길러 본 사람이라면 누구나 이서구와 비슷한 경험을 해

〈태평성시도〉
중국의 〈성시도〉를 바탕으로 조선에서 다시 그린 그림. 조선식 생활 표현이 많이 등장한다. 아래 왼쪽에 확대한 그림을 보면 소년 둘이 앵무새 여러 마리를 네모난 선반 같은 곳에 얹어 장에 팔러 가는 장면이 있다. 아래 오른쪽 그림에는 마당 안쪽에 당시 비둘기 집의 구체적인 모습과 지붕에 앉은 각종 관상용 비둘기 모습도 보인다.

 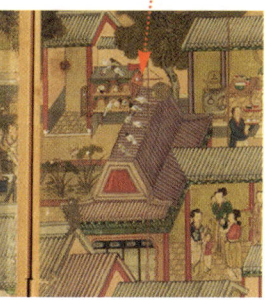

보았을 거야. 앵무새에게 말을 가르치려는데 아무리 노력해도 소용이 없다면 얼마나 답답하고 속상하겠어? 그러다 갑자기 앵무새가 말을 따라 하는 순간, 그 기쁨은 정말 뭐라고 표현하기 어려웠을 테지. 오죽하면 앵무새에 대한 책을 다 썼겠니. 이서구가 쓴 《녹앵무경》에는 앵무새를 기르며 관찰한 내용과 앵무새와 관련된 자료가 꼼꼼히 정리되어 있대. 여기에 박지원이 제목과 서문을 붙였는데, 앞의 글이 바로 박지원이 쓴 서문 중 일부야. 하지만 아쉽게도 《녹앵무경》은 오늘날까지 전해지지 않고, 다른 책들에 그 내용의 일부가 실려 있단다.

왕이 사랑한 동물, 잔나비

*유득공(1749~1807년)
조선 정조 때의 북학파로, 역사에 관한 뛰어난 저술을 남겼다.

*관상용
두고 보면서 즐기는 데 쓰는 것.

이서구와 친분이 깊던 유득공도 집비둘기를 기르면서 자기가 얻은 체험과 정보를 총망라해 《발합경》이라는 책을 썼어. '발합'이란 집비둘기를 일컫는 말이야. 이 책에는 스물세 종에 이르는 관상용 비둘기와 각 품종 간의 짝짓기 방법, 비둘기의 성질과 비둘기 집 만드는 방법, 비둘기를 잡는 그물에 이르기까지 다루지 않은 내용이 없을 정도야. 한마디로 집비둘기를 기르는 일에 관한 모든 것이 담긴 책이지. 또 유득공의 아들 유본학은 아버지의 뒤를 이어 《발합부》라는 책을 썼어. 집안 대대로 비둘기에 대한 사랑이 지극했던 모양이야. 하지만 비둘기 기르기는 18세기에 한때 유행처럼 번지다가 어느 순간 자취도 없이 사라져 버렸다고 해.

밤낮으로 꼿꼿하게 앉아 글만 읊었을 것 같은 선비들이 앵무새나 비둘기 같은 애완동물을 기르고 그 내용을 책으로 썼다니, 정말 놀랍지 않니? 18세기 지식인들 사이에서는 낯선 것에 대한 자료를 수집하고 꼼꼼히 정리해 기록으로 남기는 게 유행이었어. 꽃, 새, 벼루, 골동품, 칼, 책, 여행, 수학, 그림, 물고기, 무예 등 그 대상은 폭넓고 다양했지. 그때도 요즘처럼 '마니아 문화'가 있었던 게 아닐까?

*마니아 문화
어떤 한 가지 일에 몹시 열중하는 사람이나 그런 일을 '마니아(mania)'라고 하는데, 이러한 풍조가 사회에 퍼져 있는 것을 마니아 문화라고 한다.

중국에서 들어온 신통방통한 원숭이

일본에서는 살아 있는 원숭이가 건너왔지만, 중국에서는 소설을 통해 원숭이가 들어왔어. 무슨 말이냐고? 잘 듣고 누구 이야기인지 알아맞혀 봐. 일흔두 가지 변신술을 부릴 줄 알고, 단숨에 10만 8000리를 날아가는 근두운을 타고 다니며, 길이를 자유자재로 늘였

*리
거리의 단위.
1리는 0.393킬로미터쯤 된다.

다 줄였다 할 수 있는 여의금고봉을 가진 원숭이 이야기야. 신통력이 얼마나 대단한지 하늘에서도 땅에서도 상대할 자가 없었는데, 단 한 사람 삼장 법사 앞에선 꼼짝도 못했대. 삼장 법사가 주문을 외울 때마다 머리에 두른 금테가 죄어 왔기 때문이지. 이쯤 되면 누구인지 알아차렸겠지? 중국의 4대 고전 가운데 하나로 꼽히는 '서유기'에 주인공으로 등장하는 원숭이, 바로 '손오공' 이야기야.

'서유기'는 당나라의 현장 법사가 인도에서 불경을 가져온 실제 이야기를 바탕으로 쓴 소설이야. 오랜 세월이 흐르는 동안 이 실제 이야기에 원숭이 이야기가 합쳐지고 고대 중국인들의 상상력이 보태지면서 수많은 이야기가 탄생했지. 그러다 명나라 때, 여태까지 전해 오던 이야기들을 집대성한 '서유기'가 나온 거야. 오승은이라는 학자가 지은 것으로 알려져 있지만 확실하지는 않다고 해.

대부분의 소설 속 주인공들이 착하기만 하던 그때, 손오공의 등장은 신선한 충격이었어. 손오공은 도술도 부리고 재주도 많았지만 착한 성격과는 거리가 멀었지. 호기심이 왕성하고 뭐든 제멋대로여서 오히려 독불장군 쪽에 가깝다고 해야 할걸? 그런 손오공이 삼장 법사와 함께 불경을 구하러 가는 과정에서 책임감과 인내심을 얻게 되지. 이처럼 개성 강한 주인공의 등장으로 소설의 내용이 한층 풍부해지고 흥미로워진 데다 문학적으로 뛰어나다는 평가까지 받게 되었어.

'서유기'가 조선에 언제 처음 들어왔는지는 정확히 알 수 없어. 중국 명나라에서 1592년에 출간되었으니까, 조선에는 그 이후에 전해졌겠지. 재주 많은 원숭이 손오공, 욕심 많은 돼지 저팔계 등

왕이 사랑한 동물, 잔나비

〈봉선군모천지우도〉
'서유기' 내용을 다룬 18세기 후반의 벽화. 경남 양산시 통도사 용화전에서 발견되었다. 하늘을 모독한 죄로 가뭄에 든 봉선군에 비를 내리게 해 주겠다고 약속한 손오공이 천궁에 올라가 옥황상제를 만나고 있는 장면을 그린 것이다. 그림에서 면류관을 쓰고 의자에 앉아 있는 인물은 옥황상제이고, 왼쪽 아래쪽에 뒷모습을 보이는 인물이 천궁에 올라간 손오공이라고 한다.

신기한 동물들이 등장하는 이 이야기는 조선에서도 대단한 인기를 누렸어.

그 인기는 오늘날까지 이어져서 만화와 영화, 게임, 애니메이션 같은 다양한 장르로 새롭게 탄생하고 있어. 손오공은 시간과 공간을 뛰어넘어 전 세계 사람들에게 사랑을 받으며 마치 친구처럼 친근한 존재가 되었지.

원숭이? 잔나비?

요즘도 어른들은 '원숭이띠'라는 말 대신 '잔나비띠'라는 말을 많이 쓰잖아. 그런데 왜 원숭이를 잔나비라고 하는지 아니?

옛 문헌을 들추어 보면, 17세기까지도 '원숭이'라는 낱말은 나오지 않아. 18세기 들어 '원숭이 원(猿)' 자에 원숭이랑 비슷한 모습을 한 상상 속의 동물인 성성이를 뜻하는 '성성이 성(猩)' 자를 써서 '원성이'라는 한자어가 생겨났고, '성'이 '승'으로 변해 '원승이'가 되었다가 다시 변해서 오늘날 사용하는 '원숭이'가 되었다고 해.

그렇다면 그 전에는 원숭이를 뭐라고 불렀을까? 바로 '납'이라고 불렀대. 여기에 '동작이 날쌔고 재빠르다'라는 뜻의 '재다'라는 낱말을 붙여서 '잰나비'가 된 것이라고 여겨 왔지. 그런데 최근에 새로운 연구 결과가 발표되었어. '재'는 원숭이의 털 빛깔을 나타내는 '잿빛'이라는 뜻이고, 이 '잿나비'가 '잔나비'로 변했다는 거지. 그러니까 잔나비는 원숭이를 일컫는 우리의 옛 낱말이라는 이야기란다. 지금도 강원도와 충북에서는 원숭이를 잔나비라고 부르기도 해.

양 기르기 대소동

좌참찬 안숭선이 아뢰기를,

『신이 전에 북경에 갔을 때 중국 사람들의 살림집을 살펴보니, 집집마다 양을 잘 기르고 있었습니다. 신이 이런 뜻을 가지고 왕의 물음에 답하였더니, 세종 대왕께서 통역관 이흥덕을 보내시어 중국으로부터 양을 사오게 하고, 곧 이흥덕으로 하여금 그 임무를 오랫동안 맡게 하여 이틀 분 예빈시에서 보살펴 기르게 하였으므로, 양이 날로 번성하였습니다.』

문종 1년 8월 5일

"저기 오른편에 보이는 짙푸른 섬이 너벌섬이더냐?"

뱃전에 걸터앉은 이흥덕은 부채로 해를 가리며 물었어. 한여름의 따가운 햇살에 눈이 부셨거든.

"나리, 그건 밤섬이구먼요. 누에 먹일 뽕나무를 기르고 있습죠."

뱃사공은 주변을 꿰뚫고 있는지 쳐다보지도 않고 척척 대답했어.

"한강이 넓긴 넓은가 보구나. 고만고만한 섬이 한두 개가 아닌 걸 보면……. 그렇다면 너벌섬은 대체 어디쯤에 있는 게냐?"

"그게 참 애매합죠. 강물이 차고 빠짐에 따라 섬이 좁아지기도 하고 넓어지기도 해서……."

뱃사공은 애매하게 말끝을 흐리며 부지런히 노를 저었어.

이흥덕은 뱃머리 주위로 일렁이는 물결을 바라보았어. 마냥 푸르기만 한 강은 마치 바다처럼 그 깊이를 헤아리기 어려웠지.

"나리, 마침 저기 보이네요. 저기 저 하얀 섬이 바로 너벌섬입죠."

이흥덕은 뱃사공이 가리키는 쪽으로 눈을 돌렸어. 저 멀리 넓디넓은 모래벌판이 끝도 없이 펼쳐져 있는데, 햇빛을 받은 모래알들이 마치 은가루처럼 반짝반짝 빛났지. 정말 눈이 부실 정도로 새하얬어.

"허허 참, 이곳이 강인지 바다인지 도무지 알 수가 없구나. 철썩철썩 파도 소리, 끼룩끼룩 기러기 울음소리, 가만있자, 또 무슨 소리가 들리는데……."

"매애애애, 매애애애……."

"이 소리는? 아차, 내 정신 좀 보게!"

그제야 이흥덕은 정신을 차리고 뒤를 돌아다보았지. 뒤따라오는 뗏목에는 하얀 짐승들이 잔뜩 실려 있었어. 푸른 물을 배경으로 한 그 모습이 마치 하늘에 떠 있는 구름처럼 몽실몽실 포근해 보였지. 하지만 이흥덕은 보기만 해도 열이 나는지 자꾸만 부채질을 해 댔어.

"어허, 모래섬에서 저 녀석들을 어찌 키울꼬?"

섬에 가까워질수록 이흥덕의 얼굴빛은 점점 어두워졌어.

모래톱에서 이흥덕을 기다리고 있는 사람은 달랑 한 명뿐, 그것도 열네댓 살이나 되었을까? 아직 앳돼 보이는 소년이었지.

"아유, 아주 떼로 몰고 오셨네요. 얘들은 뭐라고 부르는 짐승이에요?"

소년의 물음에 대답이라도 하듯 양들이 일제히 "매애애애." 하고 울어 댔어.

"매애애애? 울음소리는 영락없이 염소인데, 몸뚱이에 솜뭉치를 두른 건지, 살이 오른 건지……."

소년은 구시렁거리며 뗏목에서 양들을 끌어 내렸어. 이를 지켜보던 이흥덕은 못마땅한 듯 이맛살을 찌푸렸단다.

"이놈아! 조심해서 다루어라. 멀리 중국까지 가서 사 온 양이니라."

"양이라고요? 양…… 양? 어디서 많이 들어 본 짐승인데…….'"

"이놈아! 열두 띠에 나오는 양을 모르느냐?"

"아하! 그 양! 어른들이 만들어 낸 짐승인 줄 알았는데, 양이란 짐승이 참말 있었네요."

"자세한 얘기는 나중에 들려주마. 그나저나 목장은 대체 어디에 있느냐?"

"저어기, 양말산 아래쪽에요."

소년은 귀찮은 듯 멀리 보이는 야트막한 산을 가리키며 대답했어.

"이놈아, 저어기가 어딘지 내가 어찌 아느냐? 얼른 앞장서라."

이흥덕은 부채로 소년의 등을 슬쩍 떠밀며 말했지. 그랬더니 소년이 홱 뒤돌아서서 눈을 흘기지 않겠어.

"이놈 저놈 함부로 부르지 마세요. 제 이름은 순돌이라고요."

"이놈아, 어른이 말씀하시는데 말끝마다 꼬박꼬박 말대답이냐?"

"제 이름은 순돌이라니까요!"

"순해야 순돌이라고 불러 주지. 앞으로 내 말을 잘 들으면 양 치는 법을 알려 주마."

"나리, 괜히 사서 고생하지 말고 그냥 푹 쉬다 돌아가세요. 여기 오셨던 다른 나리들처럼 말이에요."

"허허, 그놈 참! 네가 얼마나 양을 잘 치는지 두고 볼 테다."

"양이 뭐 별거예요? 그래 봤자 풀 뜯는 짐승이죠, 뭐."

이흥덕과 순돌이는 계속 티격태격 입씨름을 하면서 목장을 향해 걸었어. 양들은 묵묵히 두 사람 뒤를 쫓았지. 말 그대로 순한 양처럼 말이야.

다음 날, 이흥덕은 날이 밝기가 무섭게 순돌이를 불렀어.

"순돌아, 양들을 양말산으로 몰고 가서 풀을 뜯게 해라."

"양말산으로요? 왜요? 여기도 풀은 많은데요."

잠이 덜 깬 순돌이는 툴툴거렸어.

"본디 양은 높은 데를 좋아하느니라. 그리고 날이 더우니까 일찍 우리에 몰아넣어야 한다. 더운 곳에 오래 있으면 털 속에 흙먼지가 들어가 피부병이 생기니까 말이다. 알아들었느냐?"

"예, 예, 알겠습니다요."

순돌이는 입이 광주리만 해져서 돌아섰어. 어쩌겠어? 목장을 감독하는 관리가 시키는 일인데, 군말 없이 따르는 수밖에.

순돌이가 양들에게 풀을 먹이는 동안 이흥덕은 목장을 둘러볼 요량이었지. 이 목장은 제사 지낼 때 제물로 쓰는 짐승들을 주로 기르는 곳이었어. 이흥덕은 닭, 오리, 돼지, 말 같은 짐승들을 살펴보며 목장을 한 바퀴 돌았단다.

그런데 웬일인지 오후 늦게까지 순돌이가 돌아오지 않는 거야. 걱정이 된 이흥덕은 순돌이와 양들을 찾아 나섰지. 양말산 구석구석을

다 뒤져 보았지만 어디에서도 찾을 수 없었어. 해는 벌써 뉘엿뉘엿 저물어 가고 있는데 어쩌나……. 애가 탄 이흥덕은 양말산 꼭대기에 올라가 소리를 질러 보았지.

"순돌이 이놈, 어디 있느냐? 하늘로 솟았느냐, 땅으로 꺼졌느냐?"

그때였어. 마치 묻는 말에 대답이라도 하듯 산 아래에서 "매애애애……." 하는 소리가 들려오는 게 아니겠어. 희미하긴 했지만 양 울음소리가 틀림없었지. 이흥덕은 서둘러 산을 내려갔어.

아니나 다를까, 양들은 산 아래에서 풀을 뜯고 있었어. 더 기가 막힌 건 커다란 나무 그늘 아래에 벌러덩 드러누워 쿨쿨 자고 있는 순돌이였지. 이흥덕은 냅다 호통을 쳤어.

"이놈! 내 말은 귓등으로 들은 게냐?"

"양 치는 일은 제 일이라고요. 나리는 나리 일이나 잘하세요."

화들짝 놀라 잠에서 깬 순돌이는 괜히 심통을 부렸어.

"이러다가 양이 아프기라도 하면 네가 책임질 테냐?"

"어차피 저놈들도 얼마 못 가서 죽을 텐데요, 뭐."

순간 이흥덕의 눈은 왕방울만 하게 커졌어.

"너, 그게 무슨 소리냐?"

"나리도 참, 신토불이도 모르세요? 사람이나 짐승이나 고향을 떠나면 살기 어렵다고 하잖아요. 그러니 저 양들도……."

순돌이 이야기를 듣던 이흥덕은 피식 웃으며 땅에다 글자를 썼어.

"나리! 제 말 아직 안 끝났다고요. 대체 뭐 하시는 거예요? 제가 나리 앞에서 문자 쓰니까 기분 언짢으셔서 그래요?"

"이놈아, 이게 바로 신토불이다. 몸 신(身), 흙 토(土), 아닐 불(不), 두 이(二)."

이흥덕은 한 자 한 자 짚어 가며 설명했지. 머쓱해진 순돌이는 잠자코 이흥덕이 하는 말에 귀를 기울였어. 어디서 주워듣긴 했지만 어떻게 쓰는지도, 무슨 뜻인지도 제대로 몰랐거든.

"풀이를 하자면, '몸과 땅은 둘이 아니고 하나'라는 뜻이니라. 자기가 사는 땅에서 기른 농작물이 체질에 잘 맞는다는 이야기지."

"사람이나 짐승이나 다를 게 뭐 있겠어요. 어른들 말씀이, 예전에도 양을 길렀는데 알 수 없는 병으로 죄다 죽었다고 하던 걸요."

"그래서 임금님께서 나를 보내신 게 아니냐. 그동안 중국을 숱하게 드나들면서 돼지와 양 같은 가축을 사 오기도 하고 기르는 방법도 보고 배워 왔으니, 너는 내 말만 들으면 된다."

이흥덕은 순돌이의 손을 잡으며 다정하게 말했어. 하지만 순돌이는 입을 삐죽거리며 슬며시 손을 뺐지.

"양이 불어나면 기르기만 번거롭지, 저희한테는 득이 될 게 하나도 없는 걸요. 그런데 왜 나리는 양 기르는 데 그토록 열심이세요? 뭐 얻는 게 있나 보지요?"

"허허, 그놈 참! 이게 어디 나를 위해 하는 일이더냐."

다음 날 아침, 순돌이가 사색이 되어 달려와서는 발을 동동 구르며 소리쳤어.

"나리, 큰일 났어요! 새끼 양이 아픈가 봐요."

이흥덕은 부리나케 우리로 뛰어가 양을 살펴보았지.

"아무래도 피부병에 걸린 것 같구나. 내 이렇게 될까 봐 양들을 일찍 우리에 넣으라고 일렀던 것이다. 이제 알겠느냐?"

순돌이는 고개를 푹 숙인 채 아무런 말도 하지 못했어. 어제까지만 해도 기세등등하던 순돌이가 그새 딴사람이 된 것 같았지. 애써 울음을 참는지 순돌이 어깨가 들먹들먹했어. 이흥덕은 순돌이 등을 토닥이며 달래 주었어.

"피부병에 걸린 양은 따로 떼어 놓고 돌봐야지, 안 그러면 다른 양들까지 병이 옮아 한 마리도 남김없이 죽게 되느니라. 내가 약즙을 줄 터이니, 끓여 식힌 물로 양의 몸을 깨끗이 씻은 뒤 마르기를 기다렸다가 약즙을 발라 주려무나. 두어 번 정성껏 발라 주면 쉬이 나을 게다. 그러니 너무 걱정 말고."

"예, 나리. 앞으로는 나리 말씀이라면 콩이 아니라 팥으로 메주를

쏜다 해도 믿을게요."

순돌이는 소맷자락으로 눈물을 쓱 닦아 내더니 멋쩍은 듯 씩 웃었어.

"나야말로 널 두고 괜한 오해를 할 뻔했구나. 말만 거칠지, 마음은 이토록 비단결 같은데 말이다."

이 일로 순돌이뿐만 아니라 다른 일꾼들도 이흥덕을 믿고 따르게 되었지. 사람들의 노력과 정성을 증명이라도 하듯, 양은 날이 갈수록 살이 올랐고 새끼도 늘어 갔단다.

몇 년 뒤인 1448년 음력 7월 10일, 세종은 특별히 이흥덕의 공로를 격려하는 글을 내렸어.

"양을 기르는 일에 마음을 다하니 그 수가 눈에 띄게 불어나는구나. 양의 수가 늘어 이흥덕의 일 역시 늘었겠으나, 제사에 바칠 양을 기르는 일이니 앞으로 더욱 정성을 다하여 돌보도록 하라."

그리고 벼슬도 높여 주었지.

"양을 잘 길렀으니, 특별히 한 품계를 더하여 분예빈시(나라의 귀한 손님에게 베푸는 잔치에 필요한 물자를 미리 마련하려고 주로 돼지나 닭 따위의 가축을 길렀던, 예빈시의 일을 맡아보던 종5품 벼슬) 별좌의 벼슬을 내리노라."

벼슬이 높아지긴 했지만 이흥덕은 여전히 너벌섬에 남아 양을 기르는 데 열심이었어.

그러나 다음 해에 사람의 힘으로는 어쩌지 못할 일이 일어나고 말았어. 해마다 장마가 오기는 했지만 그해 여름엔 유난히 길었던 거야. 미리 마련해 둔 마른풀이 다 떨어질 지경에 이르렀는데도 장마는 끝날 기미를 보이지 않았지.

순돌이는 날마다 울상을 지으며 이흥덕을 찾아왔어.

"나리, 장마가 영 끝나지 않을 것 같아요. 어쩌면 좋죠?"

"그러게 말이다. 짐승들이 제대로 먹지 못해 비실비실하던데……. 정말 큰일이로구나."

"이러다간 사람이나 짐승이나 죄다 물에 떠내려가겠어요."

그렇게 며칠을 더 비가 쏟아지더니 마침내 하늘이 개면서 길고 긴 장마가 끝났어. 반쯤 물에 잠겨 있던 너벌섬은 이제 슬슬 제 모습을 드러내기 시작했지. 오랜만에 햇빛이 비치고 젖은 땅도 차츰 말라 가자 순돌이는 양들을 몰고 기분 좋게 양말산으로 향했단다. 하지만 곧 걱정이 그득한 얼굴로 돌아왔어.

"나리, 큰일 났어요. 양들이 풀을 안 먹어요."

"무슨 병이라도 난 게냐?"

"아뇨. 그런 것 같진 않은데, 왜 안 먹는지 저도 잘 모르겠어요."

이흥덕은 곧바로 양말산에 올라가 양들을 살펴보았어. 순돌이 말대로 양들은 풀에 입도 대지 않았지.

순돌이는 땅에 펄썩 주저앉아 풀을 쥐어뜯으면서 흐느꼈어.

"이러다가 양들이 모두 굶어 죽으면 어떡해요."

"이유라도 알아야 무슨 수를 써 볼 텐데……."

바로 그때였어. 순돌이가 별안간 울음을 뚝 그치더니 벌떡 일어났어.

"나리, 알았어요! 양들이 풀을 먹지 않는 이유를요. 이 풀을 만져 보세요."

이흥덕은 조심스레 풀을 만져 보았어. 그랬더니 손에 축축하고 까끌까끌한 알갱이들이 잔뜩 묻어나는 거야. 햇빛을 받아 반짝반짝 빛나던 알갱이는 고운 모래알이었어. 이흥덕은 양들이 풀을 뜯지 않는 이유를 깨닫고는 고개를 끄덕였지. 그러나 이내 머리를 가로저으며 말했어.

"순돌아, 아무래도 양들을 데리고 한성으로 가야 할 것 같구나. 당분간은 여기서 양을 기르기 어렵겠다."

"예, 나리. 양말산이 온통 모래투성이네요."

이흥덕에게 전갈을 받은 조정에서는 양들의 이사 문제를 놓고 부랴부랴 회의를 열었어.

"전하, 그동안 양 떼를 너벌섬에 놓아길렀으나 올여름엔 큰비로 섬 전체가 모래로 덮여 양들에게 먹일 풀이 없다 하옵니다."

"그렇다면 풀이 다시 자랄 때까지 잠시 맡아 기를 곳을 찾아야 하지 않겠소?"

세종은 근심 어린 얼굴로 신하들을 둘러보았어. 하지만 그 많은 양을 다 받아 줄 만한 목장이나 관아는 어디에도 없었지.

"전하, 장마는 해마다 찾아오는 것이옵니다. 그에 따른 대비책을 마련할 때까지 양들을 몇 군데 지방 관아에 나누어 주어 기르게 하심이 좋을 줄로 아뢰옵니다."

"음, 일리 있는 말이오. 양을 기를 만한 지방 관아들을 가려 뽑아 너벌섬에 풀이 새로 자랄 때까지 양을 기르게끔 하시오."

이렇게 해서 양들은 너벌섬을 떠나 뿔뿔이 흩어지는 신세가 되었어.

그 뒤로 양들은 어떻게 되었을까? 안타깝게도 우리나라 자연환경은 양을 키우기에 알맞지 않았어. 여름이면 장마 때문에, 겨울이면 눈과 추위 때문에 병에 걸려 하나 둘 쓰러져 갔단다. 또 이흥덕이나 순돌이처럼 마음을 다해 양을 기르는 사람도 그리 흔치 않았고. 결국 양 기르기는 실패로 돌아갔고, 양은 제사상에도 올리기 힘든 귀한 짐승이 되고 말았지, 뭐.

제사상에 올리는 짐승은 정해져 있다

예부터 중국에서는 양이 복을 가져다주는 짐승이라고 믿었어. 양은 성질이 온순해서 사람을 해치지 않을 뿐더러 젖과 고기는 물론 털과 가죽도 주었거든. 게다가 생김새가 순해 보여 죄악이나 재앙을 씻어 낸다고 믿었단다. 양을 영험한 짐승이라고 여긴 거지. 그래서 소, 돼지와 함께 신에게 바치는 제물로 썼어. 중국뿐만 아니라 고대의 수메르, 이집트, 로마, 게르만 민족도 신에게 올리는 제사에 양을 제물로 바쳤지.

중국의 영향을 받은 조선도 종묘 제례를 비롯한 나라의 중요한 제사에는 양을 제물로 올렸어. 하지만 조선 땅에서 기르지 않는 양을 제사 때마다 중국에서 가져다 쓰자니 얼마나 번거로웠겠어? 게다가 돈도 만만찮게 들었겠지. 그래서 생각해 낸 방법이 중국에서 양을 들여와 직접 길러서 수고와 비용을 줄이는 것이었단다. 하지만 기후와 토양이 맞지 않아서 기르는 데 큰 어려움을 겪었다고 해.

나라 제사의 제물로 양 말고 소나 돼지를 쓰기도 했지. 조선 시대에 소는 특별히 구하기 어려운 짐승이 아니었어. 농사를 짓는 데 없어서는 안 될 큰 일꾼이었으니까. 하지만 돼지는 귀했단다. 1년 내내 농사를 지어도 먹을거리가 늘 부족하던 백성들 입장에서는 먹성 좋은 돼지를 기르기가 아무래도 어려웠을 거야. 그러니 어쩌겠어, 관아에 특별히 명을 내려 돼지를 기르게 해야지. 그렇게라도 하지 않으면 제사상에 돼지마저 올릴 수 없으니 말이야. 하지만 요즘엔 돼지가 무척 흔해서 크고 작은 굿이나 온갖 고사에 빠지지 않는 제물이 되었지.

종묘 제례 제수 상차림과 제기
제사상에 놓인 많은 제기 가운데에 양, 소, 돼지 같은 제물이 놓여 있다.
모혈반에는 제물로 올리는 짐승의 털과 피를 조금씩 담았고, 번간로는 짐승의 간과 창자 사이에 낀 기름을 불태울 때 썼다. 또 성갑은 양, 소, 돼지의 생고기를 담는 그릇이다. 고기는 성갑 하나에 한 종류씩 담았다. 천조갑은 익힌 고기를 담는 그릇인데, 양 내장, 소 내장, 돼지 살코기를 익혀 세 칸에 따로 나누어 담았다. 짐승을 통째로 제사상에 올리는 게 아니라, 아주 복잡한 절차를 거쳐서 부위별로 나누어 올렸기 때문이다.

양 기르기 대소동

귀한 양고기를 어찌 먹을 수 있겠소

세종은 일찍부터 현대 의학의 당뇨병에 속하는 소갈증을 앓았어. 어의는 병을 치료하려면 양과 누런 암꿩, 흰 수탉을 먹어야 한다고 말했지. 하지만 세종은 "내가 어찌 내 몸의 건강을 위해 짐승을 죽이라는 명령을 내릴 수 있겠는가. 양은 우리나라에서 기르는 짐승이 아니니 더더욱 먹을 수가 없구나." 하며 끝내 양고기를 먹지 않았다고 해. 세종은 양을 기르는 수고로움을 아는 어진 왕이었던 거야.

*어의

궁궐 안에서 왕이나 왕족의 병을 치료하던 의원.

너벌섬이 지금의 여의도라고?

이흥덕이 양을 길렀던 너벌섬은 '너른 벌의 섬'이라는 뜻이야. 얼마나 넓었기에 그런 이름이 붙었을까? 양말산과 모래사장으로 이루어진 너벌섬의 면적은 661만 제곱미터에 이르렀다고 해. 한강에 이렇게 커다란 섬이 있었다는 게 상상이 되니?

그런데 그 큰 섬이 어디로 사라졌느냐고? 놀라지 마. 넓디넓던 너벌섬은 지금의 여의도가 되었어. 1968년에 서울특별시에서 너벌섬을 개발하겠다는 계획을 세우고는 '윤중제'라는 둑을 만들고 이 섬의 한가운데를 가로질러 마포와 영등포를 잇는 마포대교를 건설했거든.

양과 말을 키우던 양말산도 아쉽지만 그때 사라졌지. 아니, 사라졌다기보다는 평평한 땅이 되었다고 하면 조금 위안이 될까? 여의도라는 새로운 시가지를 세울 당시 양말산을 이루고 있던 흙으로 여의도 바닥을 다졌거든. 양말산이 있던 자리에는 국회의사당이 세워졌어.

그렇다면, 왜 너벌섬이 여의도라는 이름으로 바뀌었을까?

'조선왕조실록'을 보면, 잉화도(仍火島)라는 섬이 나와. 잉화도가 바로 이야기 속 배경이 된 너벌섬이야. 잉화도와 너벌섬, 닮은 구석이 전혀 없어 보이는 이 두 이름이 어떻게 같은 섬을 가리킨다는 걸까?

이렇게 생각해 봐. '조선왕조실록'은 조선 태조 때부터 철종 때까지 472년 동안의 역사적 사실을 기록한 역사책이잖아. 그 책이 한글로 쓰였을까, 한자로 쓰였을까? 그래, 본디 너벌섬이라고 부르던 것을 한자식으로 쓰려다 보니 잉화도로 바꾸게 된 거야.

예부터 '잉(仍)' 자는 '느'나 '너' 같은 소리를 표기할 때 빌려 써 왔고, '화(火)' 자는 '불'이나 '벌'을 표기할 때 빌려 써 왔어. 그리고 잘 알고 있듯이 '도(島)' 자는 섬이라는 뜻이잖아. 그러니 '너벌섬'은 곧 '잉화도'가 되는 거야.

여의도(汝矣島)라는 이름도 이와 마찬가지로 '너벌섬'에서 소리와 뜻을 빌려 옮겨 적으면서 만들어진 거란다.

1939년 여의도(위) 현재 여의도(아래)

《 진짜 낙타를 보았느냐 》

저녁에 임금이 액정서의 하인에게 명하여 낙타 한 마리를 궁궐 안에 끌어 오도록 하였는데, 승지 박세준, 이야 등이 이를 잘못이라고 임금에게 아뢰니, 임금이 즉시 명령을 내려 궁궐 문 닫는 것을 중지하고 낙타를 바로 내보내게 하였다.

숙종 21년 4월 14일

"천하를 호령하던 칭기즈 칸의 나라에서 전해 오는 얘기인데, 한번 들어 볼 텐가?"

궁에서 일하는 노비 모르쇠는 오늘도 수다 떨기에 바빴어. 정작 해야 할 일은 뒷전이고 어쩌다 생각난 듯 비질이나 슬렁슬렁 하면서 말이야.

"옛날하고도 아주 먼 옛날, 하늘님이 열두 띠를 정하실 때 있던 일이지. 열두 띠 가운데 마지막 한 자리가 남았는데, 아, 글쎄, 낙타란 녀석이랑 쥐란 녀석이 그 자리를 서로 차지하겠다고 다투었다는 게야. 그러다 결국엔 내기를 걸었다네. 아침 햇빛을 먼저 보는 쪽이 이기는 걸로 말이지. 내기를 걸자마자 낙타는 동쪽을 향해 떡하니 자리를 잡더니 목을 쭉 빼고 그 큰 눈을 끔뻑거리면서 기다렸다네."

"낙타란 짐승도 있는가?"

"아, 성질도 참 급하네그려. 중간에 톡톡 끼어들지 말고, 내 얘길 마저 들어 보게. 어디까지 했더라…… 그렇지. 쥐란 녀석은 밤이 이슥해서야 나타났다네. 느지막이 나타난 주제에 자리를 잡을 생각은 안 하고 낙타 등 위로 뽀르르 올라가더니만 느긋하게 서쪽 산꼭대기를 바라보는 게 아니겠나. 아, 글쎄, 고 영악한 쥐가 해는 동쪽에서 뜨지만 햇빛이 가장 먼저 비치는 곳은 서쪽 산꼭대기라는 걸 알았던 거지. 결국 열두 띠 마지막 자리는 쥐에게 돌아갔다네. 낙타는 눈만 껌벅껌벅하며 애처롭게 하늘님을 바라보았지. 그런 낙타가 하늘님 눈에도 불쌍해 보였던 모양이야. 그래서 낙타에게 열두 띠 짐승들 모습을 모두 지니게 해 주셨다나 뭐라나."

"예끼, 말도 안 되는 소리! 세상에 그렇게 요상하게 생긴 짐승이 어디 있는가?"

모르쇠와 같이 일하는 노비들은 모두 코웃음을 쳤지. 그러자 모르쇠는 손짓, 발짓에 해괴망측한 표정까지 지어 가며 낙타의 생김생김을 몸으로 보여 주었어.

"전에 청나라 사신이 왔을 때 내 이 두 눈으로 똑똑히 봤단 말일세. 쥐의 쫑긋한 귀, 소의 투실투실한 배, 호랑이의 야무진 발, 토끼의 뭉툭한 코, 용의 구불구불한 몸, 뱀의 차디찬 눈, 말의 억센 갈기, 양의 고슬고슬한 털, 잔나비의 불룩하게 굽은 등, 닭의 발갛게 솟은 볏, 개의 실한 넓적다리, 돼지의 꼬부랑 꼬리가 모두 있더라니까! 정말 그렇게 희한하게 생긴 동물은 태어나서 처음 봤다네!"

이야기를 어찌나 맛깔스럽게 하는지, 지나가던 숙종까지 발걸음을 멈출 정도였지. 숙종은 뒤를 따르던 내시 영감과 대전별감(왕이 지내는 곳에서 왕의 심부름을 하던 벼슬)을 돌아보며 나지막한 목소리로 물었어.

"낙타란 짐승이 그토록 희한하게 생겼더냐?"

"전하, 낙타란 짐승을 보시기를 원하시옵니까? 다음에 청나라 사신들이 오면 소신이 전하 앞에 반드시 대령하겠사옵니다."

평소 왕의 잔심부름을 도맡아 하던 대전별감은 큰소리를 떵떵 쳤지. 하지만 내시 영감은 대전별감에게 슬쩍 눈을 흘기며 목소리를 낮추어 숙종에게 아뢰었어.

"전하, 소인도 아직 본 일이 없사옵니다. 아랫것들이 일없이 떠드는 소리이오니 마음에 두지 마옵소서."

하지만 숙종의 눈에는 아쉬움이 가득했지.

"어허, 얼마나 희한하게 생겼는지 내 눈으로 직접 보고 싶구나. 청나라 사신들은 이미 한 달 전에 떠나지 않았느냐. 얼마나 더 기다려야 그 희한한 생김새를 구경할 수 있을꼬……."

왕의 지나가는 말도 흘려들을 수 없던 내시 영감은 남모르게 모르쇠를 불렀어.

"네 이름이 무엇인고?"

"모르쇠입니다요."

"아니, 그렇게 아는 게 많은 녀석이, 왜 이름은 모르쇠더냐?"

"쇤네의 신분이 워낙 미천한지라, 보고도 못 본 척, 듣고도 못 들은 척, 알고도 모르는 척하라고 제 아비가 지어 준 이름입죠."

"잘되었다. 그런 마음가짐이면 이번 일을 해내기에 제격이로구나. 넌 앞으로 누가 무엇을 묻더라도 무조건 모른다고 대답해야 하느니라. 네 이름처럼 말이다."

"예, 예, 본디 쇤네는 아는 것보다 모르는 것이 더 많습죠, 헤헤."

신이 난 모르쇠는 꾸벅꾸벅 절하며 넙죽넙죽 대답했지. 하지만 내시 영감은 뭔가 미심쩍은 눈초리였어.

"아침에 우연히 네가 하는 얘기를 들었느니라. 이야기 솜씨가 제법이더구나. 그런데 낙타를 본 게, 그러니까 여섯 달 전 청나라 사신들이 돌아갈 때였겠구나?"

"예, 물론입죠. 돌아가는 순간까지도 쇤네가 낙타의 털을 빗겨 줬는뎁쇼."

모르쇠 말이 끝나기가 무섭게 내시 영감은 냅다 호통을 쳤어.

"네 이놈! 청나라 사신은 바로 한 달 전에 떠났느니라. 감히 뉘 앞에서 거짓으로 주워섬기는 게냐?"

"아이고, 영감 나리, 죽을죄를 졌습니다요. 허나 죄다 거짓은 아닙니다. 여기저기서 주워들은 이야기입죠. 쇤네는 그저 사람들 재미있게 해 주려는 마음뿐이었는뎁쇼."

모르쇠는 코가 땅에 닿도록 엎드려 용서를 구했어.

"네놈 때문에 전하의 심기가 흐트러지셨다면, 그 죄를 어찌할 셈이더냐?"

"예? 아이고, 한 번만 살려 주십시오. 쇤네, 목숨만 살려 주신다면 그 은혜는 죽어서도 잊지 않겠습니다요."

모르쇠는 손이 발이 되도록 싹싹 빌었지. 내시 영감은 잠시 주위를 살피더니 은근슬쩍 모르쇠에게 다가가 귀엣말로 속삭였어.

"그럼 낙타를 구해 오너라."

어안이 벙벙해진 모르쇠는 눈만 끔벅거렸어.

"이번 일만 잘 해낸다면 벌을 내리지 않는 것은 물론이고, 도리어 큰 상을 내리겠느니라. 대신 함부로 입을 놀렸다간 쥐도 새도 모르게 사라지는 수가 있을 게야. 너뿐 아니라 네 부모까지 말이다."

잔뜩 겁에 질린 모르쇠는 간신히 입술을 달싹여 "예……." 하고 대답했지. 그제야 내시 영감은 흡족한 웃음을 지으며 모르쇠에게 봉인(열지 못하게 단단히 붙이고 그 자리에 도장을 찍는 것)된 서찰을 건넸어.

"낙타를 데리고 궁궐로 돌아올 때 수문장(각 궁궐이나 성의 문을 지키던 관리)에게 그 서찰을 보여 주어라. 사람들 눈에 띄지 않게 단단히 조심하고, 누가 물어도 내가 시켰다는 말을 해선 아니 되느니라. 알겠느냐?"

"예, 예, 염려 붙들어 매십시오, 영감 나리. 앞으로 쇤네는 자물통처럼 입을 다물고, 그림자처럼 숨어서 다니겠습니다요."

모르쇠는 압록강을 사이에 두고 청나라 국경과 맞닿은 의주(평안북도 의주군에 있는 읍)로 향했어. 도착하자마자 청나라 사신이 머물렀던 숙소를 찾았지. 하지만 청나라 사신이 남긴 것이라곤 개미 한 마리도 없었어.

"두어 달 전인가, 청나라 사신이 한성으로 딜어갈 때 아조 뼉다구만 남은 낙타란 즘승을 한 마리 맡겼수다. 그런데 돌아갈 때까지도 상태가 영 신통찮아서리 여기에 내삐리고 갔디……."

"그래서 지금 도대체 어디에 있다는 겁니까?"

모르쇠는 급한 마음에 애꿎은 관리인을 붙잡고 보채듯 물었어.

"평양에서 소문을 듣고 찾아온 장사꾼이 부탁해서리 이미 팔아넘겼디. 그런데 무슨 일로 이리케 낙타를 찾습마?"

모르쇠는 어깨만 으쓱거리고는 입을 꾹 다물었어.

그길로 평양으로 달려간 모르쇠는 우여곡절 끝에 낙타를 샀다는 상인을 만났단다. 다행히도 상인은 아직 낙타를 데리고 있었어. 생김새를 떠벌리고 다니긴 했어도 모르쇠가 낙타를 실제로 본 건 처음이었지.

"낙타 등이 참말로 잔나비의 굽은 등처럼 울룩불룩하네요. 왜 이렇게 생겼답니까?"

모르쇠는 그저 신기하고 온통 궁금할 뿐이었지.

"고저 혹에 물이 가득하다 하구래. 그래서리 사막이란 곳에서도 물 없이 잘 버팅기는 거라 하디 않습메."

상인은 냉큼 대답해 주었어.

"어허, 낙타 속눈썹이 참으로 깁니다그려. 왜 이렇게 속눈썹이 길답니까?"

"사막의 모래가 눈에 들어가지 않게끄름 막아 주기 위한 거 아니겠습네까?"

재까닥재까닥 대답을 하던 상인은 모르쇠가 끝도 없이 질문을 퍼부어 대자 슬슬 귀찮아졌지.

"꼭 사람 머리에 생긴 땜통처럼 털이 군데군데 많이 빠졌구먼요.

혹시 비루먹은 거 아닙니까?"

"털갈이하느라 그런 거 아니라요. 아, 이래 봬도 비단 싣고 사막 건너 저 멀리 구라파('유럽'의 음역어. 음역어란 한자를 가지고 외국어의 음을 나타낸 말을 뜻함)까지 댕게온 짱짱한 눔이란 말입네. 자꾸 생트집 걸 거면 그만 돌아가라요! 사지도 않을 거문서리 이것저것 묻기는······."

아뿔싸! 모르쇠는 그제야 정신이 번쩍 들었어. 자기가 멀리 이곳까지 온 이유를 깜빡했지 뭐야.

"아이고, 누가 안 산답니까. 성질도 참······. 청나라 사신이 버리고 갔다지요? 나도 들은 소리가 있으니까 적당한 값에 넘기시는 게······."

"아니, 그게 무슨 소리라요! 이눔이 조선 팔도에 딱 하나뿐인 낙타란 말입네! 나라님께서 직접 사신다 해도 내 이 낙타만은 꼭 제값을 받을 거라요."

흥정으로 먹고사는 상인 앞에선 모르쇠의 말발도 먹히지 않더라고. 결국 모르쇠는 노잣돈까지 탈탈 털어 낙타를 샀지.

한성으로 돌아가는 길은 멀고도 험했어. 사람들 눈을 피하라는 내시 영감의 분부가 있었으니 숲으로만, 산으로만 다닐 수밖에 없었거든. 나중엔 몇 날 며칠이 흘렀는지도 잊었지 뭐야. 그동안 풀은 싹을 틔우고 나무는 잎을 쑥쑥 키워 내며 꽃망울까지 터뜨렸지. 낙타도 털갈이를 끝내고 반질반질한 새 옷으로 갈아입어서 아주 말쑥해졌단다.

모르쇠가 마침내 한성에 도착한 건 1695년 음력 4월 14일, 숲도 산도 짙푸르게 물든 때였지. 모르쇠는 언덕에 서서 저만치 보이는 창덕궁(조선 초기에 세운 궁궐로, 서울특별시 종로구 와룡동에 있음)을 향해 만세를 외쳐 댔어. 몸은 천근만근 무거웠지만 마음은 날아갈 듯 가벼웠거든.

"어디 보자, 요 서찰만 궁궐 수문장에게 전해 주면 무사히 끝난다 이 말이지."

모르쇠는 꼬깃꼬깃해진 서찰을 허리춤에서 꺼내 요란하게 입을 맞추어 댔어. 아, 그런데 별안간…… 낙타가 그만…… 서찰을 덥석 물어다가 꿀꺽 삼켜 버린 거야.

워낙 순식간에 벌어진 일이라 어떻게 손써 볼 겨를도 없었지. 모르쇠는 너무나 기가 막혀 울음조차 나오질 않았어. 그저 발만 동동 구르다가 이내 고민에 빠졌지.

'이제 어쩐다? 차라리 멀리 도망쳐 버릴까? 안 돼. 내시 영감이 우리 부모님을 가만두지 않을 거야. 그럼 어떡하지?'

하지만 아무리 머리를 쥐어짜도 지끈거리기만 할 뿐 좋은 수가 떠오르지 않았어.

"그래, 이 없으면 잇몸으로 산다고, 어디 한번 부딪쳐 보자고. 나 모르쇠는 비겁하게 도망치지 않겠어."

마침내 마음을 굳힌 듯 모르쇠는 궁궐을 향해 걷기 시작했어. 뒤도

옆도 돌아보지 않고 앞만 보며 한 발 한 발 걸음을 옮겼지. 낙타 고삐를 쥔 손에 힘을 꼭 주고 이를 악물고 말이야. 그런데 종루(조선 시대에, 한성의 중심이 되는 곳에 종을 달아 둔 누각. 오늘날 종로 네거리에 있는 종각)가 있는 운종가(조선 시대에 한성 거리 가운데 지금의 종로 네거리를 중심으로 한 곳)에 이르러 오도 가도 못하는 신세가 되고 말았어. 어디서 무슨 소문을 들었는지, 낙타 구경을 하겠다고 몰려든 사람들 때문에 발 디딜 틈도 없었거든.

"이게 바로 낙타라는 짐승이로구나. 낙타여! 내가 너를 위해 시를 지어 주겠노라. 낙타, 너의 눈은 저녁노을처럼 쓸쓸하구나."

선비들은 낙타를 보며 아는 체를 하느라 바빴어.

"거참, 희한하게도 생겼네. 총각, 한번 만져 봐도 되겠수?"

아낙네들은 낙타를 만져 보고 싶어서 안달이었지.

"낙타라면…… 혹시 전하께서 말씀하시던 그 짐승인가?"

장터에서 노닥거리던 대전별감도 고개를 갸웃거리며 모르쇠의 뒤를 쫓았어. 하지만 모르쇠는 보이지도 들리지도 않는 척했지. 그냥 걷고 또 걸을 뿐이었어.

궁궐 서쪽 출입문인 금호문 앞에서 모르쇠는 또 발이 묶였어. 집으로 돌아가던 벼슬아치들 행렬과 딱 맞닥뜨렸거든. 또 낙타를 구경하려는 사람들 때문에 한바탕 난리가 벌어졌지, 뭐. 잠자코 모르쇠 뒤를 쫓던 대전별감은 부리나케 궁궐 안으로 뛰어 들어갔어.

모르쇠는 고개를 숙인 채 벼슬아치들이 지나가기만을 기다렸지. 하지만 아까부터 모로쇠와 낙타를 수상쩍게 바라보던 수문장에게 딱 걸리고 말았어.

"넌 뭐 하는 놈인데 궁궐 앞에서 얼쩡거리느냐?"

모르쇠는 잠시 머무적거리다가 굳게 다물고 있던 입을 뗐지.

"쉰네는 액정서(조선 시대에 내시부에 속하여 왕명의 전달, 궁궐 관리 따위를 맡아보던 관아를 일컫는 말)에서 일하는 노비 모르쇠라고 합니다요."

"그래? 그건 또 웬 짐승이냐?"

"모르는 짐승입죠."

"왜 모르는 짐승을 끌고서 어물쩍 궁궐로 들어가려 한 게냐?"

"그게 저…… 쉰네는 시키는 대로 했을 뿐 아무것도 모르옵니다."

"아니, 이놈이! 지금 나와 말장난을 하자는 수작이냐?"

수문장은 금세 얼굴이 붉으락푸르락해져서는 창을 쳐들어 모르쇠의 목에 바짝 들이댔어. 저물어 가는 햇빛이 반사되어 창끝이 유난히 뾰족하고 날카롭게 보였지. 모르쇠는 정말 미칠 노릇이었어. 말해도 죽고 말하지 않아도 죽는다면, 차라리 말하고 죽는 게 낫겠다는 생각이 들었지. 그동안 말하고 싶어도 꾹 참느라 죽을 맛이었거든.

"저, 사실은 쉰네가 서찰을……."

바로 그때였지. 이들을 발견한 대전별감이 쏜살같이 달려왔어. 그러고는 거친 숨을 몰아쉬며 수문장에게 속삭였어.

"주상 전하께서 기다리신다. 속히 문을 열어 주도록 하여라."

모르쇠는 영문도 모르는 채 오랏줄에 꽁꽁 묶여 낙타와 함께 어디론가 끌려가는 신세가 되고 말았어. 모르쇠가 끌려간 곳은 다름 아닌 대전(왕이 사는 궁전)의 뒤뜰이었어. 그곳에 꿇어앉아 하염없이 숙종을 기다렸지. 이윽고 날이 저물어 어둑어둑해질 무렵, 숙종이 등롱(대오리나 쇠로 살을 만들고 겉에 종이나 헝겊을 씌워 안에 촛불을 넣어서 달아 두기도 하고 들고 다니기도 하는 등)을 앞세우고 나타났어.

"전하, 분부대로 승정원이나 내시부에서도 모르게 은밀히 끌고 왔사옵니다."

대전별감은 나지막한 목소리로 숙종에게 보고했어. 그리고 등롱으로 모르쇠 옆쪽을 비추었지. 그러자 기다란 다리와 울퉁불퉁한 몸뚱이를 가진 낙타가 그 모습을 드러냈어. 낙타는 눈이 부신 듯 커다란 눈을 끔뻑거렸지. 숙종은 낙타를 머리에서 발끝까지 훑어보며 잠시도 눈을 떼지 못했어.

"머리는 말처럼 생겼는데, 눈은 양처럼 순해 보이고, 귀는 쥐처럼 작고 뾰족한데, 몸은 또 구불구불 굽이치는 용 같구나. 이토록 기이하게 생긴 짐승의 이름이 대체 무엇인고?"

"예, 예, 낙타라 합죠, 전하."

"낙타…… 열두 띠 짐승의 모습을 모두 품고 있다는 그 낙타 말이더냐?"

모르쇠는 자신이 즐겨 하던 낙타 이야기가 나와서인지 마음이 조금 놓였어. 그러곤 자신의 처지를 잊은 채 낙타의 생김생김을 설명하기 시작했지.

"그렇습죠. 이 짐승이 바로 쥐의 쫑긋한 귀, 소의 투실투실한 배, 호랑이의 야무진 발……."

모르쇠는 목이 메어 와 더 이상 말을 잇지 못했어.

"옳거니! 어쩐지 낯이 익다 했더니, 너는 낙타 흉내를 잘 내던 노비로구나!"

모르쇠의 얼굴을 들여다보던 숙종은 고개를 갸웃거리며 물었어.

"그러잖아도 그때 네 말을 듣고는 낙타란 짐승을 꼭 한번 보고 싶었다. 그런데 네가 어째서 낙타를 끌고 궁궐 앞에 나타난 것이냐?"

모르쇠는 목이 메어 아무런 말도 할 수 없었어. 아니, 저도 모르게 눈물을 흘리고 말았지. 이제야 모든 의문이 풀리는 것 같았거든. 그동안 고생한 걸 생각하니, 분하기도 하고 억울하기도 했어. 모르쇠는 자꾸자꾸 비어지는 눈물을 삼키며 주먹을 불끈 쥐었지.

바로 그때, 내시 영감이 종종걸음을 치며 숙종에게로 다가와 다급

하게 아뢰었어.

"전하, 승정원(조선 시대에 왕의 비서 역할을 한 기관)에서 올린 글이옵니다."

귀에 익은 목소리에 모르쇠는 살짝 고개를 들었지. 그제야 모르쇠를 알아본 내시 영감은 당황한 나머지 손에 쥐고 있던 두루마리를 툭 떨어뜨리고 말았어. 내시 영감은 늦게까지 궁궐 밖에서 일을 봤던 터라 왕의 명령으로 낙타와 모르쇠가 궁궐 안에 들어온 일은 몰랐거든.

"대체 무슨 까닭으로 눈물까지 흘리는 게냐? 어서 대답하라. 누구의 명으로 낙타를 끌고 왔느냐?"

숙종은 모르쇠에게 대답을 재촉했어. 모르쇠는 내시 영감을 쏘아보며 천천히 말문을 열었단다.

"쇤네가 잘 모르는 분이 명을 내려서…… 의주로 평양으로 쫓아다니며 청나라 사신이 버리고 간 걸 사 왔습니다요."

"거참! 누군지 모르겠지만, 나중에 만나면 고맙다는 말이라도 전해 주려무나. 덕분에 낙타 구경 잘했다고 말이다, 허허허."

"성은이 망극하옵나이다."

모르쇠는 바닥에 넙죽 엎드려 절했어. 그사이 내시 영감은 덜덜 떨리는 손으로 두루마리를 집어 들어 숙종에게 바쳤지.

글을 모두 읽고 난 숙종은 껄껄 소리 내어 웃었어.

"이상한 짐승을 길러서는 안 된다는 내용이로구나. 공연히 오해를 하는 게야. 여봐라, 승지 박세준을 들라 하라."

승정원에서 불려 온 박세준은 왕 앞에 머리를 조아렸지. 숙종은 너그럽게 말했어.

"생김새가 실로 기이한 짐승이 있다 하여 궁금해하던 차였는데, 마침 그 짐승이 궁궐 밖에 와 있다기에 짐이 잠시 궁중으로 끌어 오도록 했을 뿐이오. 그러니 승지는 크게 염려할 것 없소. 어찌 궁중에 두고서 기를 뜻을 가졌겠소. 승정원에서 올린 글을 보니, 짐을 생각하는 정성이 참으로 갸륵하게 느껴지오."

"전하, 성은이 망극하옵니다."

"대전별감은 들으라. 당장 궁궐 문을 열어 낙타를 내보내도록 하라."

박세준은 병조에서 올린 청도 아뢰었어.

"전하, 병조에서는 낙타가 들어온 사실을 당초 상부에 알리지 않았다 하여 수문장을 파면시키라고 청했사옵니다."

"수문장은 처음에는 막았다가 대전별감이 짐의 말을 전하자 비로소 들여보냈소. 이를 어찌 수문장의 실수라 탓할 수 있겠소? 짐이 들여오도록 해 놓고 다시 또 수문장에게 허물을 돌린다면 이는 짐이 잘못을 거듭하는 처사인 게요. 그러니 파면은 옳지 않다고 전하시오."

숙종의 분부가 떨어지자 박세준은 물론이고 주위에 있던 신하들도 모두 기뻐하고 감탄했어. 밖에서 조마조마하며 엿듣고 있던 모르쇠도

비로소 "후유." 하고 길게 한숨을 토해 내며 가슴을 쓸어내렸지.

왕명에 따라 낙타는 궁궐 밖으로 쫓겨나게 되었어. 낙타를 궁궐 밖으로 데려가는 일은 모르쇠의 몫이 되었지. 이번엔 수문장도 군말 없이 문을 열어 주었단다. 그런데 뜻밖에도 밖에서 내시 영감이 기다리고 있지 뭐야. 모르쇠는 한밤중에 귀신이라도 만난 듯 소스라치게 놀랐어.

"쇠, 쇤네는 영감 나리께서 시키는 대로 했습죠. 참말입니다요. 영감 나리께서 주신 서찰을 이놈의 낙타가 먹어 버리지만 않았어도……."

"쉿! 목소리 낮추어라."

내시 영감은 재빨리 모르쇠의 말을 끊고는 자그마한 꾸러미를 건넸어. 무엇이 들었는지 꽤나 묵직한 것이 쩔렁거리는 소리까지 났지.

"약속대로 너에게 주는 상이다. 대신 앞으로 궁궐 근처에는 얼씬도 말아야 하느니라. 죽을 때까지, 영원히! 그리고 평생 이 일에 관해 입을 다물어야 한다는 것도 명심하고."

"예, 예, 앞으로는 진짜 모르쇠로 살겠습니다요."

모르쇠는 낙타와 함께 다시금 먼 길을 떠났을까? 아니면 낙타를 자유롭게 놓아주고서 제 살길을 찾아 떠났을까? 어디에서, 어떻게 살아갔을지 그 뒷이야기가 무척이나 궁금하지만, 내시 영감 말대로 모르쇠는 정말 쥐도 새도 모르게 사라져 버렸단다. 물론 역사 속에서 말이야.

역사 돋보기

왕도 마음대로 못하는 일이 있다

　조선 팔도를 다스리던 왕이 낙타 한 마리 마음대로 궁궐에 들이지 못했다는 게 믿어지니? 왕이라면 모든 일을 마음대로 할 수 있었을 것 같지만, 사실은 그렇지가 않았어. 아무리 절대 권력을 쥔 왕이라 해도 신하들을 설득할 수 없으면 뜻을 굽힐 수밖에 없었지. 숙종의 낙타 사건이 일어나기 200여 년 전인 1486년, 성종은 중국으로부터 낙타를 사들이라는 명을 내렸어.

　"낙타는 무거운 짐을 싣고 멀리 갈 수 있으니 군사를 일으킬 때 양식을 실어 나를 만하오. 베(흑마포) 예순 필을 주어 낙타를 사 오도록 하시오."

　그런데 이를 전해 들은 사헌부 대사헌 이경동이 세 가지 이유를 들어 반대하고 나섰지.

　첫 번째 이유는, 먼 지방의 기이한 짐승인 낙타를 비싼 값으로 구하는 것은 왕의 덕을 그르치는 행동이라는 거였어. 쉽게 말해, 신토불이 짐승이 아닌 낙타를 비싼 값으로 중국에서 사 오는 건 백성들의 살림에 보탬이 되지 않으니 삼가야 한다는 뜻이었지.

*사헌부
조선 시대에 정치의 잘잘못을 따지고, 벼슬아치들의 비리를 조사하며, 사회 풍속을 바로잡는 등 감시와 비판을 하던 관아.

*대사헌
사헌부의 종2품 벼슬. 정사를 논하고 모든 벼슬아치를 감찰하며 기강을 확립하는 따위의 업무를 맡아 했다.

두 번째 이유는, 어진 왕으로 일컬어지는 고려 태조가 요나라에서 보낸 낙타를 굶겨 죽인 까닭은 요나라의 간사한 꾀를 꺾고 후세에 사치하는 마음을 막기 위해서였다며, 성종도 고려 태조의 검소한 마음을 배우라는 거였어. 그런데 사실 고려 태조가 요나라가 보낸 낙타 쉰 마리를 굶겨 죽인 가장 큰 이유는 요나라가 발해를 멸망시켰기 때문이란다.

마지막 세 번째 이유는, 해마다 가뭄이 들어 백성들의 살림살이가 어려운 마당에 쓸데없는 짐승을 사들이는 데 콩 400석의 값에 해당하는 베 예순 필을 쓸 수는 없다는 거였어.

조목조목 죄다 옳은 말이었지. 황소고집으로 유명하던 성종도 결국 낙타 들이는 일을 포기했다고 해.

신하들의 잔소리를 피하기 위한 숙종의 꾀

"이상한 짐승을 길러서는 안 된다."라는 글을 올린 승지 박세준은, 요즘으로 말하면 청와대 비서관쯤 될 거야. 승정원이란 왕의 명령을 신하들에게 전달하고 각종 문서와 신하들의 건의 사항을 왕에게 전달하는 일을 하던 곳이거든. 그런데 왜 숙종은 승지 몰래 낙타를 끌어 오게 했을까?

사실 왕에게 신하들은 귀찮고 두려운 존재였어. 왕은 잠자리를 빼고는 늘 승지, 사관과 같이해야 했지. 어떤 신하든 왕과 단둘이서 만나는 '독대'는 엄격하게 금했단다. 게다가 간관, 그러니까 사헌부와 사간원, 홍문관에 속한 신하들은 모든 벼슬아치, 심지어 왕의 잘못

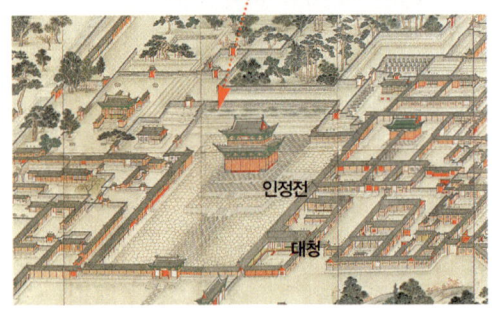

〈동궐도〉
창덕궁과 창경궁을 그린 조선 후기의 궁궐 배치도. 아래쪽에 확대해 놓은 곳이 조선의 여러 정부 조직이 모여 있는 궐내각사인데, 이 안에 대청이 있다.

까지도 잡아내 서슴없이 바른말을 하는 일을 맡고 있었어. 간관뿐 아니라 다른 신하들도 왕이 하고자 하는 일에 사사건건 간섭을 했지.

간관들은 밤낮없이 '대청'이라는 궁궐 안 청사에 모여 왕이 결정한 나랏일에 관해 이러쿵저러쿵 토론을 벌이곤 했어. 그런데 숙종은 신하들의 잔소리가 어지간히 듣기 싫었던 모양이야. 온돌로 되어 있던 대청의 바닥을 마루로 바꾸어 버렸거든. 최소한 겨울에는 추워서라도 덜 모일 테고, 그러면 잔소리도 조금은 줄어들 거라고 생각했던 거야.

말재주로 먹고산 거리의 이야기꾼

이야기를 맛깔나게 잘해서 자유의 몸이 된 데다 덤으로 낙타와 돈까지 손에 쥔 모르쇠가 부럽다고? 사실 모르쇠는 상상 속의 인물이야. 하지만 실제로 조선 시대에는 이야기 잘하는 재주로 먹고사는 사람들이 있었어. 어떤 사람들이냐고? 먼저 그들이 즐겨 하던 이야기 한 토막을 들어 보렴.

"아버지, 제가 정녕 인당수에 몸을 던진 심청이에요. 심 봉사 깜짝 놀라, 아니, 이게 웬 말이더냐! 어디 좀 보자, 내 딸 청아!"

조선 후기, 한성의 저잣거리에서는 사람들을 모아 놓고 소설 같은 이야기책을 읽어 주는 풍경을 종종 볼 수 있었어. 이렇게 길거리에서 이야기책을 읽어 주고 돈을 받는 사람을 '전기수'라고 부르는데, 한자 그대로 풀이하면 '기이한 이야기를 전하는 노인'이라는 뜻이야.

이야기책을 읽어 주는 게 뭐 그리 대단한 일이라고 돈까지 받느냐고? 당시에는 《심청전》, 《숙향전》, 《홍길동전》 같은 한글 소설이 굉장한 인기를 끌었어. 이 집 저 집 돌아다니며 책을 빌려 주는 사람까지 생겨날 정도였다니까. 요즘으로 말하자면 이동도서관인 셈이지.

진짜 낙타를 보았느냐

청계천에 나타난 전기수
전기수가 이야기를 들려주는 모습을 재현하는 장면. 조선 저잣거리에서 실감 나게 이야기를 읽어 주던 전기수의 모습이 상상된다.

하지만 한글을 깨치지 못한 백성들에게는 아무리 재미있는 이야기책도 그림의 떡 아니었겠어? 그러다 보니 책을 대신 읽어 주는 전기수가 등장하게 된 거야. 당시에는 꽤 인기 있는 직업이었대.

 전기수는 이야기책을 그냥 줄줄 읽어 내려가기만 한 게 아니었어. 먼저 책 읽는 장소부터 아주 신중하게 골랐지. 주로 저잣거리나 다리 아래, 종각 앞처럼 사람이 많이 오고 가는 길목에 자리를 잡았어. 그런 다음 낭랑한 목소리로 감정을 실어 실감 나게 책을 읽었지. 마치 구연동화라도 하는 것처럼 말이야. 책 읽는 솜씨가 워낙 빼어나다 보니, 구경꾼들이 전기수를 겹겹이 에워싸고서 이야기에 귀를 기울였어. 이야기에 흠뻑 빠진 사람들은 전기수의 목소리에 장단이라도 맞추듯 눈물을 흘리기도 하고 웃음을 터뜨리기도 했단다. 그러다 가장 재미있는 대목에 이르러 전기수가 문득 이야기를 멈췄지. 그러면 사람들은 뒷이야기를 마저 들으려고 앞다투어 돈을 던졌어. 생각해 봐, 한창 이야기에 빠져 있는데 다음 이야기가 너무나 궁금하지 않겠어? 만화영화나 드라마를 볼 때도 마찬가지잖아. 다음 회 예고편을 보면서 궁금증을 달래고 말이야. 사람들이 돈을 던지면 그제야 전기수는 못 이기는 척 이야기를 이어 갔지.

아마도 전기수는 그때그때 즉석에서 이야기를 보태기도 하고, 내용을 슬쩍 꾸미기도 했을 거야. 그러다 보니 소설의 내용이 조금씩 바뀌었겠지. 실제로 《춘향전》처럼 입에서 입으로 전해진 한글 소설은 같은 작품이라도 지역이나 시대에 따라 그 내용이 조금씩 다른 경우가 많아.

그런데 말이야, 이런 상상은 어때? 모르쇠가 낙타를 데리고 다니며 사람들에게 평양 가서 낙타를 사 온 경험담을 과장해서 들려주며 먹고살았는지도. 그래서 전기수라는 직업이 생겨났는지도 모른다는 상상 말이야. 이 이야기는 나의 그런 상상이 보태져서 나온 거거든.

책 속의 책

'조선왕조실록',
역사에서 오늘을 사는 지혜를 배우다

조선 시대로 가는 타임머신

누구나 한 번쯤 타임머신을 타고 과거를 여행하는 상상을 해 본 적이 있을 거야. 만약 조선 시대로 갈 수 있다면 누굴 만나고 싶니?

세종 대왕을 찾아가 훈민정음을 직접 만들었는지 묻고 싶은 친구도 있을 테고, 의녀 장금에게 의술을 배우고 싶은 친구도 있겠지. 또 백성들은 어떤 옷을 입고, 어떤 음식을 먹으며, 어떤 집에서 살았는지 궁금한 친구들도 있을 거야.

그런데 굳이 타임머신을 만들지 않아도 조선 시대 사람들이 어떻게 살았는지 알아볼 방법이 있단다. 우리가 이렇게 궁금해할 줄 미리 알았던 것일까? 조선 시대 사람들이 우리의 궁금증을 풀어 줄 준비를 다 해 놓았지 뭐야. 번거롭게 타임머신을 개발할 필요도, 타임머신을 타고 과거로 갔다가 무사히 돌아올 수 있을지 걱정할 필요도 없어. 원한다면 우리 집 안방에서도 조선 시대를 볼 수 있으니까 말이야. 대체 어떤 방법인지 어서 알려 달라고?

좋아! 조선 시대로 가는 타임머신은 바로…… '조선왕조실록'이야.

자, 그럼 이제부터 조선 시대로 가는 타임머신의 덮개를 한

번 열어 볼까?

'태조실록', '태종실록', '세종실록'…… '조선왕조실록'은 1대 왕인 태조부터 25대 왕인 철종까지 472년 동안의 조선 역사를 시간 순서대로 기록한 역사책이야. 1413년(태종 13년)에 '태조실록'이 처음 편찬되었고, 25대 '철종실록'은 1865년(고종 2년)에 완성되었지. 이처럼 '실록'이란 한 명의 왕이 왕위에 있을 때에 벌어진 일들을 빠짐없이 기록한 역사책이야. 실록은 대개 전대의 왕이 세상을 뜬 뒤 다음 왕이 즉위한 초기에 편찬하는데, 춘추관 내에 임시로 설치된 실록청*에서 맡았단다.

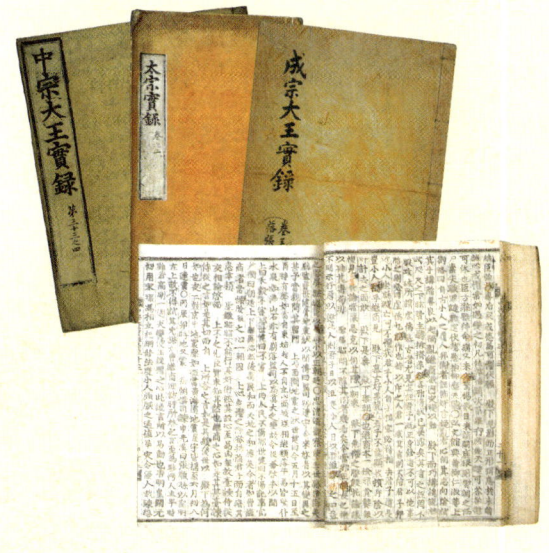

조선왕조실록 정족산본
적상산본, 오대산본 등 여러 판본 가운데 정족산 사고에 보관되어 있던 책이다. 현재 서울대 규장각에 소장되어 있다.

"에이, 그냥 케케묵은 역사책일 뿐이잖아."

어, 실망하는 친구들도 더러 있는 것 같네. 하지만 '조선왕조실록'을 실제로 본다면 아마 깜짝 놀라서 뒤로 넘어갈지도 몰라.

*실록청: 조선 시대에 실록을 편찬하려고 임시로 설치하던 관아를 뜻한다.

'조선왕조실록'은 무려 1707권, 1187책(정족산본)으로 이루어져 있거든. 여기서 권은 내용별로 묶어 놓은 것을 말하고, 책은 요즘 책처럼 묶어 놓은 것을 뜻해. 한 책에 2권이 들어 있는 경우도 있어서 권과 책의 수가 같지 않은 거지. 어찌 됐든 정말 어마어마한 분량이지? 학자 3000여 명이 힘을 합쳐 한자로 된 '조선왕조실록'을 한글로 번역하는 데 25년이라는 긴 시간이 걸렸을 정도야. 이렇게 '조선왕조실록'을 한글로 번역했더니 모두 413권, 16만 쪽이나 되었단다. 하루에 100쪽씩 꾸준히 읽는다 해도 4년하고도 일곱 달이 더 걸리는 분량이지.

"어유, 저 많은 걸 언제 다 읽어?" 하면서 한숨부터 내쉬는 친구들도 있을 거야. 하지만 걱정할 것 없어. '조선왕조실록'은 인터넷으로도 볼 수 있거든.

http://sillok.history.go.kr

'조선왕조실록'의 인터넷 홈페이지 주소야. 이곳 검색창에 '훈민정음'이나 '의녀 장금', 혹은 '코끼리', '세종', '성종' 같은 궁금한 낱말을 치면 '조선왕조실록'에 기록된 관련 기사들을 금방 찾아 읽을 수 있어. 그리고 그 기사 제목에 연, 월, 일이 적혀 있어서 언제 일어난 사건인지도 쉽게 알 수 있단다.

어때? 타임머신보다 빠르고 편하게 조선 시대로 찾아갈 수 있을 것 같지 않니?

오직 진실만 기록하라!

'조선왕조실록'에 적힌 기록은 모두 사실일까? 나라에서 직접 펴낸 역사책인데, 아무래도 왕의 체면을 깎아내리거나 왕에게 해가 되는 내용은 빼거나 고치지 않았을까? 이런 의문도 들 테지.

조선 시대에는 있는 그대로의 사실을 기록하려고 '사관'을 두었어. 조선 시대 이야기를 다룬 텔레비전 드라마를 보면 왕과 신하들이 회의하는 한쪽 구석에서 무언가를 부지런히 써 내려가는 사람이 나오잖아. 그 사람이 바로 사관인데, 그들이 쓰는 글이 실록의 기초 자료가 되는 '사초'야. 이처럼 업무 중에 쓴 사초를 '입시 사초'라고 부르는데, 사관은 그날 쓴 입시 사초를 춘추관*에 내고 퇴근해야 했어. 사관의 일은 여기서 끝나는 게 아니었지. 집에 돌아가서는 기억을 더듬으며 그날 일어났던 일들을 또 기록했는데, 이를 '가장 사초'라고 불러. 가장 사초에는 자기가 직접 보고 들은 사건과 인물에 관해 나름대로 역사적 평가까지 담았어.

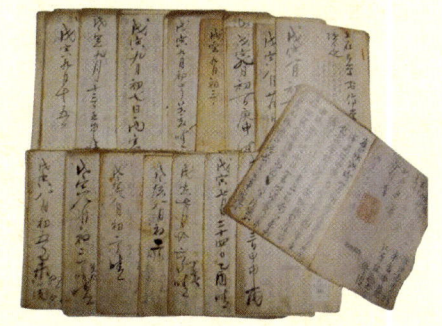

인조무인사초(仁祖戊寅史草)
사관이 작성해 집 안에 보관했던 가장 사초의 원본이다. 1638년(인조 16년) 6월 13일부터 9월 17일까지의 사초를 날짜별로 1책씩 묶어 놓았다.

*춘추관: 조선 시대에 둔, 정치나 행정에 관한 일의 기록을 맡아보던 관아이다.

사초를 써야 하는 사관은 왕이 가는 곳이라면 어디든지 따라다녔지. 왕이 신하들과 회의를 하는 곳은 물론이고 심지어 온천이나 사냥터까지 쫓아다녔어. 그런데 왕에게 사관은 영 껄끄러운 존재였나 봐.

언젠가 사냥에 나선 태종이 노루를 향해 활을 쏘다가 말에서 떨어진 일이 있었어. 다행히 다치지는 않았는데, 태종은 망신스럽다고 생각했던 모양이야. 그래서 주위를 둘러보며 이렇게 말했대.

"이 일을 사관이 알게 하지 말라."

그러나 그토록 알리지 말라고 당부한 이야기까지 뒷날 '태종실록'에 고스란히 실렸지 뭐야.

이 이야기만 봐도 당시 사관들이 자기가 맡은 일에 얼마나 충실했는지 알 수 있을 거야. 그런데 왕이 원치 않는 이야기를 쓰고도 사관은 과연 무사했을까?

사실 왕은 세상을 떠날 때까지도 자기와 관련된 사초를 볼 수 없었어. 왕뿐만 아니라 어느 누구도 볼 수 없게끔 제도적으로 정해 놓았지. 실록도 마찬가지야. 왕이 죽은 다음에야 만들었으니 보려야 볼 수가 없었어. 이렇게 철저히 비밀에 부쳤던 까닭에 신하들은 물론이고 왕마저도 자기들이 역사에 어떻게 남을지 두려워했지. 그래서 몸가짐을 바르게 하고 나랏일을 제대로 하기 위해 애썼어.

물론 사관들도 엄격한 규율을 따라야 했어. 사초의 내용을 입 밖에 내거나 사실과 다르게 고치기라도 하는 날에는 엄한 벌을 받았으니까.

일제 강점기에 일본인들이 중심이 되어 편찬한 '고종실록'이나 '순종실록'은 '조선왕조실록'에 포함시키지 않아. 실록 편찬의 엄격한 과정을 제대로 거치지 않았기 때문에 실록으로서의 가치가 떨어지거든.

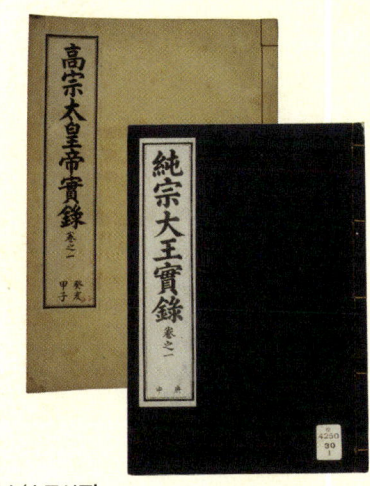

'고종실록'과 '순종실록'
'고종실록'은 고종 45년간의 역사를, '순종실록'은 순종 4년간과 그 뒤 17년간의 역사를 기록해 놓은 책이다.

자, 이제 사초를 가지고 어떻게 실록을 만들었는지 좀 더 자세히 알아볼까?

왕이 세상을 떠나면 먼저 실록청을 설치해. 그러면 사관들은 그 왕이 왕위에 있을 때 기록한 사초와 자료를 모두 모으지. 그 가운데에서 중요한 사실만을 가려 뽑아 '초초'를 쓴 다음, 초초를 다시 다듬고 고쳐서 '중초'를 만들고, 최종적으로 실록에 싣는 '정초'를 썼어. 이 정초본을 금속 활자로 인쇄해서 만든 것이 바로 실록이지.

실록이 완성되면 사관들은 사초와 초초, 그리고 중초를 물에 씻어서 종이의 글씨를 남김없이 지운 다음 젖은 종이는 근처 바위에 널어 말렸어. 이렇게 종이를 물에 씻는 걸 '세초'라고 불렀지. 종이를 씻어서 글씨를 지우다니, 어리둥절할 거야. 왜 세초를 하는 걸까? 당시에는 종이가 아주 귀해서 그렇게 재활용을 했거든. 그런데 정말 중요한 이유는 따로 있었어. 실록의 내용을 아무도 보아서는 안 되었기 때문이야.

왜 이토록 까다로운 과정을 거치면서 실록을 만들었는지 궁금하다고? 사실 그대로를 기록해야만 후손들에게 역사적 교훈을 전할 수 있다고 믿은 유교 사상 때문이야. 그러니 '조선왕조실록'을 어떻게 이해할지, 또 어떤 교훈을 얻을지는 우리 몫인 거지.

세계가 인정한 우리 기록 문화

세계 여러 나라의 실록들 중에서 유네스코가 세계 기록 유산*으로 지정한 건 오로지 '조선왕조실록'뿐이야. 정말 자랑스럽지? 그렇다면 '조선왕조실록'이 대체 어떤 기록이기에 세계인이 인정하는 문화유산이 되었는지 알아볼까?

첫째, '조선왕조실록'은 한 왕조의 역사적 기록으로는 세계에서 가장 오랜 기간에 걸쳐 기록된 자료야. 무려 472년간의 기록이 담긴 역사책이지. 규모가 가장 큰 실록으로 알려진 청

*세계 기록 유산: 전 세계의 귀중한 기록물을 보존하고 활용하기 위해 1997년부터 2년마다 한 번씩 국제자문위원회에서 심의, 추천해 유네스코 사무총장이 선정하는 세계적 가치가 있는 기록 유산을 뜻한다.

나라의 '대청역조실록'도 296년간의 역사를 기록하고 있거든.

둘째, '조선왕조실록'은 왕의 이야기뿐만 아니라, 정치, 외교, 경제, 군사, 법률, 종교부터 천문, 과학, 지리, 음악에 이르기까지 다양한 내용을 담은 역사책이야. 특히 다른 나라 실록에 비해 천문 현상을 아주 상세하게 적어 두었어.

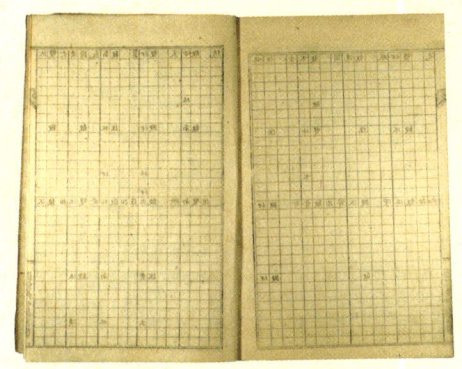

'세종실록'에 실린 여민락 악보
여민락은 조선 시대에 의식 따위에 썼던 음악으로, '세종실록'에 이 악보가 실려 있다.

선천군에서 오시(午時)*에 날이 맑게 개어 엷은 구름의 자취조차 없었는데, 동쪽 하늘 끝에서 갑자기 포를 쏘는 소리가 나서 깜짝 놀라 올려다보니, 꼴단*처럼 생긴 불덩어리가 하늘가로 떨어져 순식간에 사라졌다. 그 불덩어리가 지나간 곳은 하늘의 문이 활짝 열려 폭포와 같은 형상이었다.
— '광해군일기' 광해군 1년(1609년) 8월 25일

유성을 설명하는 부분인데, 정말로 눈앞에서 떨어지는 것처럼 꼼꼼하게 기록했지? '조선왕조실록'에는 유성에 관한 기록

* 오시(午時): 오전 열한 시부터 오후 한 시까지.
* 꼴단: 말이나 소에게 먹일 꼴을 묶은 덩어리.

이 3000여 건이나 돼. 그뿐 아니야. 홍수와 가뭄 같은 자연재해를 포함해 천문 기상을 관측한 기록이 총 2만 5000여 건에 달할 정도지. 그야말로 '조선왕조실록'은 천문학 자료의 보물 창고인 셈이야.

셋째, '조선왕조실록'은 진실성과 신빙성이 상당히 높은 역사 기록물이야. 사초나 실록은 사관 말고는 아무도 볼 수 없었다고 한 거 기억하지? 그래서 실록에는 특정 인물이나 사건에 대한 사관의 평가인 '사론'이 포함될 수 있었어. 이와는 대조적으로 명나라의 '대명실록'과 일본의 '일본문덕천황실록', 그리고 '일본삼대실록'에는 사론이 없어.

넷째, 오늘날까지 실록이 완전하게 보존되어 온 것은 세계적으로 유례를 찾아보기 힘든 일이야. 불의의 사고에 대비해 깊은 산속에 4대 사고*를 지어 실록을 보관하고 관리해 온 덕분이지.

'조선왕조실록' 말고도 '훈민정음', '직지심체요절', '승정원일기', '조선왕조의궤', '고려 대장경판 및 제경판'이 세계 기록 유산으로 지정되었어. 우리 기록 문화의 가치를 세계적으로 인정받은 셈이니 정말 자랑스럽게 생각해야 해. 하지만 오늘날 우리나라 기록 문화의 현실은 어떨까? 역대 대통령 중에는 기록을 마음대로 파기하거나, 대통령직에서 물러나면서 자기

*사고: 고려 말기부터 조선 후기까지 국가의 중요한 서적을 보관하던 곳.

집으로 가져간 사람도 있다고 하니 정말 답답한 노릇이야. 지금부터라도 '조선왕조실록'에 담긴 조상들의 투철한 기록 정신을 이어 나가야 하지 않을까?

실록 상자에 숨어 있는 과학

'조선왕조실록'이 지금까지 온전하게 전해 올 수 있었던 것은 조선 시대 사람들의 지혜와 끊임없는 노력 덕분이야. 종이로 만든 책은 병충해와 습기에 약했기 때문에 관리를 소홀히 해서는 안 되거든. 실록을 담아 두었던 상자 안에 어떤 지혜와 과학이 숨어 있는지 한번 살펴볼까?

먼저, 상자를 만드는 나무는 오동나무, 버드나무, 피나무, 소나무 등인데, 이 나무들은 가볍고 다루기 쉬우며 변형되지 않고 오래 견디는 성질이 있어서 실록을 보관하기에 알맞았지.

보통 상자 하나에 실록 15~20책을 담았어. 책과 책 사이에는 초주지*를 끼워 넣어 서로 달라붙지 않게 했지. 그리고 책들을 하나하나 붉은 보자기로 쌌는데, 이는 나쁜 기운을 물리치고자 하는 마음을 담은 거야.

*초주지: 조선 초에 실록을 찍어 냈던 최고급 종이를 뜻한다.

태백산 사고 내부
일제 강점기에 일본인이 만든 《조선고적도보》에 실린 사진. 실록을 보관하던 상자가 보인다.

상자 안에 책을 담은 뒤엔 한약재 주머니를 넣었지. 주머니에는 천궁과 창포 같은 한약재를 담았는데, 물이 스며들거나 벌레 먹는 걸 막아 주었어. 그리고 그 위에 기름 먹인 종이를 덮었지. 역시 물이 스며드는 걸 막기 위해서였어.

그런 다음, 실록 상자에 자물쇠를 채우고 철저하게 봉인했어. 심지어 실록을 관리하는 사람도 함부로 열지 못했고, 오직 왕의 명을 받은 사관만이 상자를 열 수 있었지. 그 다음엔 실록을 보관하려고 산속에 특별히 지은 사고에다 상자를 옮겨 놓았어.

> 나는 임금의 조서를 받들고
> 가을바람에 말을 달려왔네.
> 두 번 절한 뒤 손수 자물쇠를 열고서
> 연선대 가에서 포쇄를 하네.
> 귀한 상자 서른여섯 개를 내놓으니
> 해가 하늘 중앙에 이르렀네.
> 지나는 바람에 때로 함께 책장을 열고
> 날던 새가 갑자기 책에 그림자를 남기네.

때때로 서적 가운데에서

시시비비를 스스로 깨닫네.

-신정하, '서암집' 권3 〈포사〉

 햇볕 좋고 바람 잘 부는 날, 서른여섯 개에 이르는 상자에서 책을 꺼내 펼쳐 놓고, 이 사람은 뭘 하고 있었던 걸까? 또 귀한 상자에는 어떤 책이 담겨 있었을까?

 왕의 명을 받아 말을 타고 달려왔다는 걸 보니, 이 시의 주인공은 아마도 나라의 녹을 받는 관리였을 거야. 그리고 손수 자물쇠를 열었다니, 이 귀한 상자는 왕의 명을 받은 관리만 열 수 있었나 봐. 그런데 '포쇄'라…… 이건 무슨 뜻이지? 낯설기만 한 이 낱말을 사전에서 찾아보니, '젖거나 축축한 것을 바람에 쐬고 볕에 말린다.'라는 뜻이네.

 자, 시의 내용을 한번 간추려 보자. 어떤 관리가 왕의 명을 받아 상자에 담긴 책들을 꺼내 바람과 햇볕에 말리려고 말을 타고 달려왔어. 그러고는 아무나 볼 수 없는 책에서 시시비비를 깨달았다면?

《실록포쇄제명기》
태백산 사고의 실록을 포쇄한 날짜와 이를 담당한 춘추관 관리의 직명, 성명을 기록한 책이다. 임진왜란 이후의 《실록포쇄제명기》는 이 책이 유일하다.

 맞아. 시에 나오는 책은 바로 '조선왕조실록'이고, 귀한 상

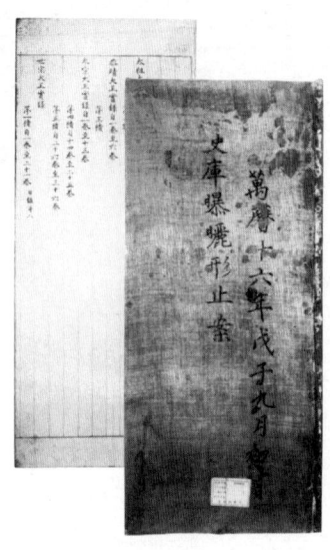

'전주 사고 실록형지안'
1588년 9월 전주 사고에서 포쇄한 실록의 목록을 쓴 책.

자는 실록을 담은 상자야. 이 시를 지은 신정하라는 사람은 숙종 때 사초를 기록하고 실록을 관리하는 사관이었어.

앞의 시에 나온 대로, 포쇄는 책에 바람과 햇볕을 쐬어 벌레와 습기를 없애는 방법이야. 책을 오랫동안 보존하는 데 필요한 작업이었지. 보통 3년에 한 번씩 실록을 포쇄했대. 주로 봄과 가을에 날씨가 맑은 날 중에서 좋은 날짜를 골라서 실시했지. 그리고 포쇄가 끝나면 한약재와 초주지를 새로 갈아 넣었단다.

실록의 포쇄는 춘추관에서 파견된 사관이 담당했어. 그는 포쇄와 관련된 내용을 실록의 점검 기록부인 '실록형지안'에 낱낱이 기록했지. 어때? 실록의 보관도 실록의 기록만큼이나 꼼꼼했을 듯싶지?

실록을 지켜 온 사람들

강화도의 정족산, 전라도 무주의 적상산, 경상도 봉화의 태백산, 강원도 평창의 오대산. 이곳들은 조선 시대 마지막까지 사고가 있던 장소야. 그런데 높고 험해서 올라가기도 어려운 깊은 산속에 사고를 만들었던 까닭은 무엇일까?

처음부터 사고를 산속에 두었던 건 아니야. 조선 전기까지 사고는 한성의 춘추관을 비롯해 전주, 충주, 성주 등지에 있었지. 모두 사람이 많이 오고 가는 지방의 중심지였어. 하지만 그만큼 화재나 사고가 일어날 위험도 많았지. 실제로 중종 때에는 관청의 노비들이 성주 사고에서 비둘기를 잡으려다 그만 실수를 하는 바람에 실록이 모조리 불에 타 버리기도 했으니까.

그러다가 임진왜란이 일어났고, 교통의 중심지에 있던 한성, 충주, 성주의 사고가 불타 없어지고 말았어. 이제 남은 건 전라도 전주의 사고뿐이었지.

일본군이 전주 근처까지 왔다는 소식을 들은 유생* 안의와 손홍록은 실록을 옮기는 일에 나섰어. 당시 안의는 예순네 살, 손홍록은 쉰여섯 살이었지. 이들은 실록을 내장산 깊숙한 곳으로 옮겼어. 이때 전주 사고에서 옮겨 온 실록은 수백 권이 넘었고, 다른 책도 많았지.

전주 사고
'조선왕조실록'을 보관했던 전주 사고.

실록이 내장산에 있던 1년이 넘는 기간에 안의와 손홍록은

---

*유생: 유학을 공부하는 선비를 뜻한다.

오대산 사고

정족산 사고

사고
임진왜란으로 사고들이 불타자, 1606년 선조 때 강릉의 오대산, 봉화의 태백산, 무주의 적상산에, 1660년 현종 때 강화 남쪽의 정족산에 사고를 마련했다. 이 사진은 일제 강점기에 찍은 것이다.

태백산 사고

하루도 빠짐없이 번갈아 가며 불침번을 섰어. 이후 내장산을 떠나 여기저기 옮겨 다녔을 때에도 두 사람은 마지막까지 실록을 따라 움직였대.

임진왜란이 끝나고, 안의와 손홍록은 실록을 지킨 공로를 인정받아 관직을 받았어. 당시 두 사람이 받은 관직은 의병장에 버금가는 대우였지. 그렇다고 그들의 공로에 과분한 상은 아니었어. 왜냐하면 그들 덕분에 오늘날까지도 '조선왕조실록'을 온전한 상태로 볼 수 있으니 말이야.

임진왜란을 겪고 난 뒤 조정은 실록을 안전하게 지킬 수 있는 지역으로 사고를 옮겼어. 그곳이 바로 사람들이 좀처럼 접근하기 어려운 산속이었지. 그리고 사고 주변에는 반드시 절이 있었어. 이런 절을 '수호 사찰'이라고 부르는데, 스님들의 힘을 빌려 실록을 보호하려는 뜻도 있었단다.

아니, 실록에 이런 내용이!

조선 시대에 '여론 조사'를?

나라에서 중요한 정책이나 제도를 만들 때 어떻게 하니? 전화나 인터넷으로 국민들의 의견을 들어 보는 여론 조사 과정을 거치지. 물론 민주주의가 뿌리내린 요즈음에는 말이야. 하지만 왕이 나라를 다스리던 때에는 정책과 제도를 어떻게 만들었을까? 왕이나 높은 자리에 있는 벼슬아치 마음대로 했을 거라고? 그래, 맞아. 물론 그 정책이나 제도를 시행했을 때 생기는 여러 가지 상황을 신중히 생각하고, 여러 토론과 협의 과정을 거쳤지만 말이야.

그런데 조선 시대에도 '여론 조사'를 한 적이 있다고 해.

세종 대왕은 공법이라는 새로운 토지세 제도를 만들면서, 백성들에게 찬성과 반대 의견을 묻는 과정을 거쳤대. 무려 5개월 동안에 전국적으로 찬반 투표가 진행됐는데, 17만 2806명이 참여해 9만 8657명이 찬성, 7만 4149명이 반대한 것으로 나타났어. 찬반 의견이 팽팽했지.

　세종 대왕은 몇몇 지역을 골라 공법을 시범적으로 시행했어. 그런 다음에 전국으로 확대 실시했지. 여론 조사를 한 지 14년 만의 일이야. 왕이 나라의 주인이던 조선 시대에 여론 조사라니, 정말 놀랍지 않니?

태안반도에 운하를 뚫다

　조선 시대에는 세금을 쌀과 같은 곡식으로 냈어. 지방 관아에서 거둔 곡식을 한데 모아 한성으로 보냈지. 그 많은 곡식을 어떻게 운반했느냐고? 바로 뱃길을 통해서였어.

　곡식을 지방에서 한성까지 운반하는 데 가장 어려운 뱃길은 태안 앞바다 안흥량이었어. 물살이 빠르고 파도가 높은 데다 암초가 많아 사고가 잦았지. 안흥량을 피해 가기 위해 생각한 방법이 바로 운하를 뚫는 거였어. 공사할 지역은 태안반도에서 육지까지의 거리가 가장 짧은 흥인교와 굴포 사이로 정했단다.

　조선 태종은 어떻게든 이 운하를 완성시키길 원했다고 해. 그런데 이 지역은 단단한 화강암 때문에 땅을 파서 물길을 만들 수 없었어. 태종은 땅을 파는 대신 둑을 쌓아 운하를 만들 계획을 세우고, 5000명의 병사와 백성들을 뽑아 공사를 했지. 하지만 결국 실패로 돌아갔단다. 그 뒤로 현종 때까지 운하에

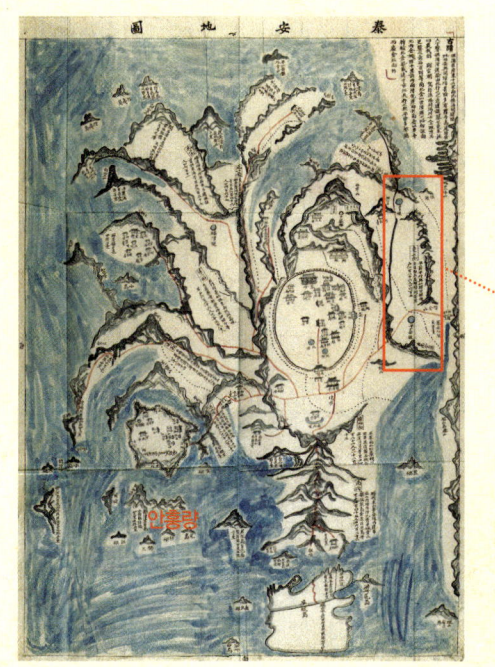
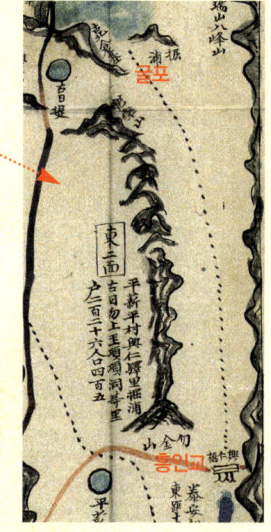

1872년 충청도 태안 지도의 일부
굴포와 홍인교를 연결하는 점선, 이것이 바로 운하의 흔적이다. 지도 아래쪽에 표시한 곳은 물살이 거세기로 소문난 안흥량이다.

대한 관심은 계속되었지만 끝내 완성되지는 못했다고 해.

 여기서 끝이냐고? 설마. 질러갈 수 없으면 돌아가는 방법도 있잖아. 인조 때는 안면곶의 중간 지점을 뚫어, 배가 지나가게 했어. 홍인교에서 굴포 사이를 질러가는 것보다는 조금 멀지만, 안흥량을 피해 갈 수 있는 방법이있지. 이때 안면곶은 육지와 끊어져 섬이 되었단다. 그게 바로 지금의 안면도야.

글쓴이의 말

'조선왕조실록'이 한글로 번역된 뒤, 이와 관련된 텔레비전 드라마나 영화, 책 등이 그야말로 봇물처럼 쏟아져 나오고 있어. 으리으리한 궁궐 안에서 화려한 궁중 의상을 입고 수라를 드는 드라마 속 왕의 모습을 보고 있노라면, 조선 시대로 간 느낌이 들기도 할 거야. 그런데 또 가만히 보면 사람들이 살아가는 모습은 조선 시대나 지금이나 크게 다르지 않아. 초가가 아파트로 바뀌고, 먹는 음식과 차림새가 좀 달라졌을 뿐이거든.

이 책을 읽은 사람들이 나에게 이렇게 물을지도 몰라. 역대 왕들의 기록에서 왜 하필 동물 이야기냐고……. 나는 '조선왕조실록'이 단지 왕조사에 그치지 않는, 한때 이곳에 살았던 사람들의 이야기라는 걸 들려주고 싶었어. '조선왕조실록' 안에는 정치나 경제 같은 거창한 이야기뿐만 아니라, 당시 사람들의 인간적인 면이나 살림살이를 훔쳐볼 수 있는 사소한 이야기도 들어 있거든.

특히 나는 외국에서 들어온 새로운 동물 앞에서 좌충우돌하는 우리 조상들의 모습이 참 순박하고 예쁘게 느껴졌단다. 워낙

나라 간 교류가 제한적이던 시절이라, 궁궐 안 사람들은 물론 밖의 백성들도 정보에 어두웠지. 하지만 그들이 마음까지 닫아 둔 건 아니었어. 기이한 모습의 동물들은 기르기 까다롭고 때로는 난폭하기도 했지만, 함께 살아가기 위해 애쓰고 고민했으니까. 나는 바로 그 안에서 생명을 중시했던 우리 조상들의 따뜻한 마음씨를 읽을 수 있었어.

   자, 이젠 너희 차례란다. 지난 역사 속에서 무엇을 읽어 내고, 현실을 돌아볼 것인가는 역사를 읽는 사람들의 몫이란 걸 잊지 말길 바라.

2009년 3월
박희정

참고한 책

18세기 조선 지식인의 발견 (정민 지음, 휴머니스트 2007)
궁시장 (김일환 지음, 화산문화 2002)
관아를 통해서 본 조선시대 생활사 상,하 (안길정 지음, 사계절 2000)
규장각에서 찾은 조선의 명품들 (신병주 지음, 책과함께 2007)
노회찬과 함께 읽는 조선왕조실록 (노회찬 지음, 일빛 2004)
몽골의 설화 (데. 체렌소드놈 편저, 이안나 옮김, 문학과지성사 2007)
사관 위에는 하늘이 있소이다 (박홍갑 지음, 가람기획 1999)
산림경제 제2권 (홍만선)
서유기 (나선희 지음, 살림 2005)
심청전 (작자, 연대 미상)
조선왕조실록
양반나라 조선나라 (박홍갑 지음, 가람기획 2001)
우리 궁궐 이야기 (홍순민 지음, 청년사 1999)
조선시대 사람들은 어떻게 살았을까 1,2 (한국역사연구회 지음, 청년사 2005)
조선의 뒷골목 풍경 (강명관 지음, 푸른역사 2003)
조선 왕실의 의례와 생활, 궁중 문화 (신명호 지음, 돌베개 2002)
조선왕조실록 어떤 책인가 (이성무 지음, 동방미디어 1999)
조선왕조실록: 조선 시대를 담은 타임캡슐 (신병주 지음, 김영수·김순남 그림, 스쿨김영사 2007)
조선통신사 (한일공통역사교재 제작팀 지음, 한길사 2005)
코끼리 사쿠라 (김황 글, 박숙경 옮김, 창비 2007)
코끼리 소녀 푸야 (푸야 마르스케 지음, 이미옥 옮김, 조화로운삶 2006)
한국동물원80년사 창경원편 (오창영 편저, 서울특별시 1993)
한국 생활사 박물관 10 (한국생활사박물관편찬위원회 지음, 사계절 2004)
HD역사스페셜4 (KBS 역사스페셜 제작팀 지음, 표정훈 해설, 효형출판 2007)

사진 제공

35쪽 해인사 대장경판 연합뉴스

38쪽 판다 연합뉴스

39쪽 삼국사기 국사편찬위원회 한국사데이터베이스

63쪽 물소 뿔 부천활박물관

64쪽 각궁, 대나무, 소 힘줄, 민어 부레풀 부천활박물관

66쪽 각궁의 제작 과정 부천활박물관

67쪽 물소 경주 연합뉴스

87쪽 〈태평성시도〉 국립중앙박물관

90쪽 〈봉선군모천지우도〉 성보문화재연구원

109쪽 진설도, 모혈반, 번간로, 성갑, 천조갑 사단법인전주리씨대동종약원

136쪽 〈동궐도〉 고려대학교박물관

138쪽 현대판 전기수 서울시컬처노믹스블로그 www.culturenomicsblog.seoul.go.kr

143쪽 조선왕조실록 표지 서울대규장각한국학연구원

143쪽 조선왕조실록 본문 한국학중앙연구원

145쪽 인조무인사초 서울대규장각한국학연구원

147쪽 고종실록, 순종실록 한국학중앙연구원

149쪽 세종실록에 실린 여민락 악보 한국학중앙연구원

153쪽 실록포쇄제명기 서울대규장각한국학연구원

154쪽 전주 사고 실록형지안 국사편찬위원회 한국사데이터베이스

155쪽 전주 사고 한국학중앙연구원

156쪽 태백산 사고 한국학중앙연구원

156쪽 오대산 사고 연합뉴스

159쪽 18세기 태안 지도 서울대규장각한국학연구원

*이 책에 실린 모든 사진 자료의 출처를 찾기 위해 최선을 다했습니다. 저작권자를 찾지 못하여 게재 허락을 받지 못한 일부 사진에 대해서는 저작권자가 확인되는 대로 허락을 받고 사용료를 지불히도록 하겠습니다